丛书策划　陈义望　朱宝元

看世界｜区域国别史经典丛书

UNITED KINGDOM

战后英国史

变迁与多样性

Adrian Bingham

[英] 阿德里安·宾厄姆——著

王聪——译

中国出版集团　东方出版中心

图书在版编目(CIP)数据

战后英国史 ： 变迁与多样性 /(英) 阿德里安·宾
厄姆著； 王聪译. -- 上海 ： 东方出版中心，2025. 2.
ISBN 978-7-5473-2621-3

Ⅰ. K561.5

中国国家版本馆 CIP 数据核字第 2025QL5103 号

上海市版权局著作权合同登记： 图字 09 - 2024 - 0586 号

战后英国史： 变迁与多样性

著　　者　[英] 阿德里安·宾厄姆
译　　者　王　聪
丛书策划　陈义望　朱宝元
责任编辑　潘灵剑
助理编辑　陆　珺
装帧设计　钟　颖

出 版 人　陈义望
出版发行　东方出版中心
地　　址　上海市仙霞路 345 号
邮政编码　200336
电　　话　021 - 62417400
印 刷 者　上海盛通时代印刷有限公司

开　　本　710mm × 1000mm　1/16
印　　张　10.25
字　　数　135 千字
版　　次　2025 年 4 月第 1 版
印　　次　2025 年 4 月第 1 次印刷
定　　价　49.00 元

目录 Contents

前　言

　　历史学家在为自己所处的时代撰史时,无一例外都会受到时代的局限,如果恰逢激荡年代,此种局限将会更加明显。本书创作期间,"英国脱欧"(Brexit)问题引发一系列政治动荡,"新冠疫情"造成了史无前例的经济停滞,二者均对本书的观点产生了影响。如若对比视而不见,未免有些自欺欺人。今人撰当代史,不可避免地会将新近发生的大事件划定为当代史的终点,而"英国脱欧"或"新冠疫情"深刻地影响着当今英国的政治格局、经济发展与福利体制,必然会成为史家之首选。虽然我已尽量避免落入俗套,但在分析历史时,多少还会受到时事的启发与影响。从某种意义上说,我创作本书,实际上就是在有意识地对正在发生的事情做出回应。"英国脱欧"和"新冠疫情"两大议题在全社会范围内引发公开辩论。综合各方观点来看,此轮争辩呈现出两大鲜明的特点。第一个特点是倾向于将英国历史简单化,此举往往会导致在叙事时失之偏颇。譬如,总是对造就维多利亚时代荣光的全球贸易赞不绝口,总想重拾"巅峰时期"(Finest Hour,指二战)所彰显的集体主义精神。第二个特点是在错误叙事的基础上更进一步,试图以史为鉴,给未来提供建议。近年来,民粹主义历史政治论调甚嚣尘上,使我再次坚定了自己的信念——我们需要内容更丰满、层次更丰富的近代史叙事。任何一种历史叙事都无法完全概括第二次世界大战后的英国历史,尤其是因为居于这段历史进程核心位置的,是英国社会趋向多样化、多元化和流动性更强的演进历程。这就是为什么编年史佳作频出,我却没有选择这种体例的原因。我认为,想要理解当下的处境,就必须了解不同类型的变革(从全球地缘政治和世界经济结构的整体变化到地域性的社会与文化发展)如何发生并交织在一起,去思考它们如何影响人们的日常生活和个体对所在国家的看法。另外,本书还试图探明另一个问题——英国的历史遗留问题如何影响着当下,又如何使创造光明未来的求索之路变得道阻且长。总而言之,审视不同层面的变化,尝试厘清过去、当下与未来之间的纠葛,是本书关注的两大重点,也决定了本书的结构与内容。

在此对书中术语作简要说明。本书的主要论述对象是"大不列颠及北爱尔兰联合王国"(the United Kingdom of Great Britain and Northern Ireland)。通常情况下,我会将其简称为"联合王国"(UK),将其国民称为"联合王国国民",只有在特别关注构成"联合王国"的四邦时,才会专门提到英格兰(England)、苏格兰(Scotland)、威尔士(Wales)和北爱尔兰(Northern Ireland)。然而,这种表述存在两个问题:一是在引用他人的术语时,容易产生分歧,因为在英国战后史早期,人们普遍用"不列颠"(Britain)(有时甚至只用"英格兰"[England])指代整个"联合王国"(UK);第二处不妥是"联合王国"一词略显生硬,难以适应不同的语境。相比之下,在表述"英国公民"的概念时,"不列颠"(Britain)一词就可以自然而然地转化为"英国人"(Britions)。不过,总的说来,"联合王国"(UK)一词更加准确,更具有包容性。

本书开篇之前,我要向政体出版社(Polity)的路易斯·奈特(Louise Knight)和伊娜·博克斯曼(Inès Boxman)致以诚挚的谢意,感谢两位在本书写作一再中断时给予的支持。另外,我还要感谢谢菲尔德大学历史系的同事和学生,他们为我的研究创作营造出良好的氛围,并没有因我是系主任而对我敬而远之。最后,我要感谢的是我深爱着的家人们——费莉西蒂(Felicity)、安娜(Anna)和西娅(Thea)。当疫情将这个世界搅得天翻地覆时,家永远是温馨的避风港。

引　言

1959 年,年仅 28 的休·托马斯(Hugh Thomas)以洋洋洒洒的文字撰成《建制派》(*The Establishment*)一书。这位出身名门的史学家在书中表达了对英国的极度失望,认为该国正沉浸在过去的辉煌中不可自拔。他指出,那些历史上声震寰宇的大国,往往都无法摆脱昔日辉煌留下的沉重历史包袱,最终变得故步自封,墨守成规。英国同样步此后尘,其领导人(即书名所指的"建制派")现已下定决心,决意用满腔的"偏见、无知与保守"捍卫维多利亚时代的荣光,维护那个年代留下的种种体制。各国政府曾误认为,"英国曾经独霸全球,其必然会罔顾已经没落的事实,仍渴望延续辉煌,以粉饰帝国尊严"。而现在,这种"不合时宜的思维模式"已蔓延至文化领域,以致其他国家的民众"远比英国人思维活跃,品味高雅"。不仅如此,就连 20 世纪的伦理道德也在束缚着英国人——男人只要谨言慎行,就可能比女性享有更多的自由,但不可做出"伤风败俗的现代行为"。"对于渴望充分发掘英国资源与人才的有识之士来说,"托马斯在全书的结尾振臂高呼,"那些迂腐的建制派,那些维多利亚时代的价值观念与评判标准,必须被彻底摧毁!"①

---

①　Hugh Thomas, 'The Establishment and Society', in Hugh Thomas (ed.), *The Establishment: A Symposium* (London: Anthony Blond, 1959), pp. 14 – 20.

托马斯既非被边缘化的激进分子,也不是在嫉恨他所抨击的社会精英。他的父亲是英国殖民地官员,任职地点在今天的加纳。托马斯早年在一所顶级私立寄宿制学校读书,后考入剑桥大学攻读历史专业,毕业后进入英国外交部任职。1957 年,他为抗议英国政府在中东地区的所作所为,主动选择了辞职。对于其所抨击的每一项制度,托马斯都深谙此中内幕。所以,他的言论一经发表,就会在部分知情人当中引发共鸣,他的论著也成为当年几部忧思"国家处境"的作品之一。但美中不足的是,此书并没有捕捉到当时在全英国上下蔓延的情绪。就在《建制派》出版那年(1959 年),执政的保守党(Conservative Party)在英国首相哈罗德·麦克米伦(Harold Macmillan)的领导下,连续第三期取得大选胜利,借此呼吁选民们不要破坏英国各地前所未有的繁荣景象。两年前,麦克米伦曾说过一句名言:"大多数人从未过得如此安逸,"而且他所在党派在 1959 年提出的选举口号是"选择保守党,远离工党,生活会更好"。其中,"生活会更好"的说法似乎很有依据——当时的工资不断上涨,失业率维持在较低的水平,房地产欣欣向荣,人们有理由相信,英国已经进入了一个更加现代化,更加富裕的时代。

3　　　种种迹象表明,未来已经到来。英国 M1 高速公路的首个路段已于 1959 年 11 月开通,满足了 30% 的当下有车家庭的出行需求。还有一部分民众驾驶最新发布的"迷你库柏"(Mini)两厢汽车出行,该车型已成为英国设计引领全球的典范。同样在这一年,巴克莱银行(Barclays)成为全球第一家使用电子计算机的银行,而英国广播公司(British Broadcasting Company,BBC)为了向新生的青年文化致敬,推出了一档为新出流行音乐长篇打榜排行的电视节目——《好歌打分团》(*Jukebox Jury*)。此外,特立尼达岛作家兼活动家克劳迪娅·琼斯(Claudia Jones)为了彰显西印度群岛移民的文化活力,举办了一场"加勒比狂欢节"(Caribbean Carnival),该活动后来发展成为经久不衰的"诺丁山狂欢节"(Notting Hill Carnival)。从以上视角来看,英国似乎并不是一个停滞在维多利亚时代的国家,也不像一个安于现状的国度。所以,托马斯仅仅说对了一半——独一无二的辉煌传统的确塑造了英国,但在锻造全新社会的强大力量面前,并不足以遏制后者。两股力量相抵产生的结果是:造就了一个充满反差的国家——守正与创新并存,传统与现代相容。

本书通过探讨过去、现在和未来的关系,阐述了 1945 年以来的英国历史。从某种程度上说,英国无需对未来感到焦虑,因为无论以何种标准衡量,该国都是领先全球的国家:它既是联合国安理会五个常任理事国之一,也是北大西洋公约组织(简称北约,NATO)、国际货币基金组织(IMF)和世界银行的创始成员。1952 年,英国成为继美国和苏联之后第三个拥有核武器的国家。英国的经济总量常年位居世界前六,伦敦金融城(City of London)成为领先全球的金融中心,(昔日)大英帝国的殖民体系使其与全球各地紧密相连,并坐拥全球范围内的利益。此外,英国还是世界主流语言——英语的发祥地。英国拥有稳定的政治体制,以尊重个体权利而著称于世。世界最负盛名的大学和最为先进的科技部门同样位于英国。不仅如此,英国的流行文化(如披头士乐队[Beatles]、滚石乐队[Rolling Stones]、詹姆斯·邦德[James Bond]和哈利·波特[Harry Potter])还远播海外,在全世界范围内吸引了大批消费群体。最后,足球俱乐部拥有的球迷数量也远远多于其他国家。

然而,英国的过去实在过于辉煌,以致沉湎于过去的英国人对未来抱有过高的期望。可是,当今的优势远远无法满足人们对于未来的期望。所以说,自 1945 年以来,英国始终被一种衰落感所困扰。回望 19 世纪,英国曾是人类历史上第一个工业国家,并且是当时世界上最强大的国家,大英帝国的疆域空前辽阔。彼时的全球霸主地位,赋予英国政治体制(特别是议会制度与宪政体制,其历史可追溯至数百年前)神圣的光环。在那个种族思想盛行的年代,许多人将军事胜利与经济繁荣视为英国公民高人一等(尤其同殖民地人民相比)的具象表现。还有人认为,新教弘扬真善美,信奉新教的英国因此获得神圣的恩典,有神明相助。所以,到了 20 世纪,纵使经济形势愈发紧张,国际斗争日趋激烈,英国依然赢得了两次世界大战的胜利,用事实强化了“例外主义”

(exceptionalism)的叙事论调,同时进一步证明了民主制度的合理性。温斯顿·丘吉尔(Winston Churchill,于 1940 至 1945 年间担任英国首相)就是这样一个沉浸在英国过去辉煌中的人,甚至畅想着在辉煌战果的基础上开启新的篇章。事实也的确如此,战时的英国如日中天,正处在历史上的巅峰时期。

从 1945 年开始,特别是在 1956 年以后,英国越来越难以维持优胜者的姿态与论调。面对美国与苏联两个超级大国的崛起,英国在履行帝国承诺方面显得力不从心。本书第一章将会提到,1956 年,英国干预"苏伊士运河危机"失败,充分暴露出一个问题——如果没有美国的支持,战后的英国很难再在国际事务中扮演独立的一极。虽然麦克米伦振振有词地告诉选民"生活会更好",但到了 20 世纪 50 年代末,托马斯对经济停滞的担忧绝非毫无依据。当时,英国的生产率和经济增长率落后于同时期主要竞争对手,支撑起维多利亚时代繁荣的工业正在走下坡路。与此同时,英国境内印第安裔社群与亚裔社群的迅猛扩张,使得这个拥有种族优越感的老牌殖民国家面临着严峻的挑战。截至 20 世纪 70 年代初,大多数原本隶属大英帝国殖民体系的国家赢得了独立,英国由此落得了"欧洲病夫"的称号。因此,如何重现帝国昔日辉煌,成为众多政治辩论的焦点。在争论的同时,人们也在思考,英国需要将过去的哪些要素带入未来,并在此基础上提出了众多解决方案,如加入欧洲共同体(European Community)、改革国家体制和重塑英国经济。有趣的是,到了 20 世纪 80 年代,休·托马斯(此时已成为一名德高望重的史学家)将主张温和改良的保守党首相玛格丽特·撒切尔(Margaret Thatcher)奉为重振英国未来的最大希望。此番言论获得了英国皇室的嘉许,托马斯本人被册封为斯温纳顿的托马斯勋爵(Lord Thomas of Swynnerton),正式成为自己曾极力想要摧毁的"建制派"的一员。个体的经历、社会的愿景,是这些广泛而深入的辩论中经常出现的话题。三十年后,历史性的一幕再次上演:另一位接受过精英教育的作家兼政治家效仿丘吉尔与撒切尔夫人,通过许诺将"脱欧"作为重振英国未来的手段,成功登上首相宝座。

所有国家都会遭遇今昔反差带来的压力,但英国感受到的压力尤为明显,因为这个国家曾经牢牢掌握着全球霸权,而这种霸权在战后又以前所未有的速度瓦解。历经数世纪积淀而形成的帝国,竟在短短25年的时间里土崩瓦解,一个多世纪以来为经济提供动力的工业也在战后急剧衰落。另外,英国政治具有强烈的延续性,同样成了迟滞英国发展的历史包袱。与欧洲绝大多数国家不同,英国在近代没有经历过重大的社会动荡:没有革命,没有立宪改革,没有外敌入侵,没有引发改朝换代的重大军事失利,没有明显的政治局势变化,就连各种社会力量之间的均势也没有被彻底打破。英国仅在17世纪中期经历了一场内战,但1688至1689年爆发的"光荣革命"很快确立了"议会高于国王"的原则。此后,英国的政治体制就一直处于相对平稳的发展状态。不过,爱尔兰是英国政局中一个明显的例外,在历史上经历了政治暴力、内战和分裂。但这部分内容在英国国家历史叙事中通常会被边缘化,同时也是人们只将不列颠岛而非联合王国纳入想象共同体的最主要原因。换一种角度看,我们可以将造成此现象的原因解释为,新教庇佑下的不列颠主岛,并没有像爱尔兰海(Irish Sea)对岸的天主教小岛那样,被教派对立局势和社会问题所困扰。

因为没有经历过重大社会动荡的冲击,英国过去的许多体制、习俗与象征依旧保持着老样子,在现代社会里显得与众不同,其中格外显眼的不仅有君主制、英国王室、枢密院,还有议会与法庭采用的古老仪式,以及传统的"简单多数票制",就连中央政府和军队的运转也披着一层古老而神秘的外衣。在英国历史的拥护者看来,正是这种稳定政治体系所积累的智慧造就了英国的辉煌;英国治理结构表现出的适应性、中庸性和实用主义,帮助英国避开了困扰诸多欧洲邻国的危机和极端主义。然而,随着1945年后英国国内环境发生变化,托马斯等批评家将上述历史遗产斥为落后和未能与现代性接轨的标志。在这些观察家看来,当下英国需要的是独立成文的宪法典、结构合理的权力划分和代表性更为广泛的议会制度,同时还应当立即停止对过时君主制的吹捧。总而言之,过去与未来之间的斗争贯穿了英国政治的核心。

英国战前史概述

在讲述 1945 年以后的英国史之前,很有必要稍稍往前回溯一下英国的战前历史。这里所说的"英国"指的是"联合王国",成立于 1800 年,其历史远没有组构成"联合王国"的四邦悠久。而英格兰、威尔士、苏格兰和爱尔兰能合并成一个政治实体,不是受历史的大势所趋,而是几个世纪以来政治、经济和军事因素相互作用的结果。12 世纪和 13 世纪,英格兰君主急于对外扩张,多次向苏格兰、爱尔兰和威尔士发起大规模入侵。面对英格兰的来势汹汹,苏格兰奋力抗争,得以保持独立。威尔士和爱尔兰却没有这么幸运——苏格兰在 19 世纪被并入英国,接受伦敦的管辖,爱尔兰被迫接受亨利八世(Henry Ⅷ)为国王,向英格兰臣服,沦落至殖民地的地位。1603 年,苏格兰国王詹姆士六世(James Ⅵ)继任英格兰王位,成为詹姆士一世(James Ⅰ),苏格兰王朝和英格兰王朝从此结为共主邦联。在此基础上,英格兰携苏格兰在 1707 年与威尔士签署《联合法令》(Act of Union),组建大不列颠联合王国(the Kingdom of Great Britain)。独立的苏格兰议会宣布休会,苏格兰议员在伦敦威斯敏斯特宫的联合议会中任职,但苏格兰独特的宗教和法律结构得以保留下来。宗教方面,当英格兰、威尔士和苏格兰在 16 世纪和 17 世纪的宗教改革中皈依新教,而大部分爱尔兰人依然信奉天主教,与来自不列颠主岛的新教殖民者始终保持着水火不容的关系。雄心勃勃的英国政府自然无法容忍宗派对立给国家战略的发展带来隐患,遂于 1800 年与爱尔兰签署了《联合法令》(Act of Union)。1801 年 1 月 1 日,大不列颠和爱尔兰联合王国成立,来自爱尔兰的 100 名议员在威斯敏斯特获得了席位。

到了 1801 年,联合王国已成为全球霸主。自 16 世纪末以来,英格兰冒险家与探险家为了扬名立万和搜寻黄金,踏遍北美、加勒比地区、非洲和亚洲。1607 年,英国第一块海外永久殖民地在詹姆斯敦(Jamestown,位于今美国弗吉尼亚州)建立。此后几十年间,英国陆续在北美、百慕大群岛(Bermuda)、巴巴多斯(Barbados)和牙买加

(Jamaica)建立殖民地。其中,牙买加成了奴隶贸易的集散地。奴隶贸易在 18 世纪一直由英国垄断,直到 1807 年才终结。为了获取巨额利润,英国商船从英国本土出发,将工业制成品运往西非换取奴隶,再将换来的奴隶运到西印度群岛和北美,卖给当地种植园,最后再购进当地的食用糖、糖浆等产品带回英国的布里斯托尔(Bristol)与利物浦(Liverpool)等港口。据估算,整个奴隶贸易期间,英国共转运了约 310 万非洲人口。由于运输条件极为简陋,加之船上生活环境极为恶劣,约 40 万人在运输途中悲惨地死去。[①] 从 17 世纪中期开始,英国打着东印度公司(East India Company)的旗号,在印度次大陆建立起贸易点。截至 18 世纪下半叶,英国已发展成为一个疆域辽阔的庞大帝国。到了 18 世纪七八十年代,英国又开始觊觎新西兰和澳大利亚两地。不过,英国的扩张历程并非总是一帆风顺,时常会遭遇当地统治者的反抗与欧洲其他殖民竞争对手的打压,失败也是家常便饭,其中最具代表性的事件是北美十三州殖民地在法国的支持下挫败英国的军事镇压,对外宣告独立,建立美利坚合众国(不过英国保住了在加拿大的领地)。虽然偶有失利,但凭借强大的经济实力,以及建立在经济基础之上的海军力量,英国根本无惧对手的遏制。1793 至 1815 年间,英国在全球范围内向其竞争对手法国宣战,并取得决定性胜利,正式确立了英国在未来 100 年内的海上霸主地位。在接下来的 19 世纪,英国巩固了其在印度、南非、澳大利亚、加勒比海和加拿大的地位,并将殖民扩张的触角伸向新加坡、中国香港、塞浦路斯以及南非与东非的其他地区,同时凭借其军事和经济实力,与一些非直属于大帝国的藩属地(尤其是南美的西班牙和葡萄牙殖民地,以及中国的部分藩属国)开展贸易活动。第一次世界大战后,英国获得了以前由德国控制的西非和东非殖民地,并获得了国联授予的伊拉克、外约旦和巴勒斯坦的委派统治权。至此,英帝国的版图达到了史上最大规模。1920 年,约有 4.13 亿人生活在英帝国的米字旗下,占世界人口总数的将近四分之一。

11

───────────────

① 　https://www.nationalarchives.gov.uk/slavery/pdf/britain-and-the-trade.pdf.

英国的工业化进程肇始于 18 世纪末，而英国在全球的霸主地位，以及凭此地位攫取的资源与市场机遇，使英国工业化进程一直保持着迅速发展的态势。在此基础之上，新生产要素的出现改变了英国的经济形态：机械动力被用来补充人力或畜力；劳动分工更加专业化和标准化；劳动力集中在依靠"规模经济效益"（economies of scale）获利的工厂内。与此同时，纺纱机、动力织机和蒸汽机等技术革新大大提高了棉纺织品的生产效率，曼彻斯特及其周边地区因此成为全球纺织业中心。此外，蒸汽动力也给煤炭产业和制铁业带来巨大变革，而这两大产业通常聚集在同一区域内，如泰恩赛德（Tyneside）、南约克郡（South Yorkshire）、南威尔士（South Wales）和苏格兰中部。得益于上述变革，英国在短时间内遥遥领先其他经济竞争对手：截至 19 世纪中期，英国生产了世界上大约一半的棉花和生铁，以及大约三分之二的煤。而在 19 世纪后半期，英国在钢铁生产与造船领域也取得了类似的成果：到了 1911 年，世界上大约 70% 的海船均出自英国之手；煤炭产量持续增长，在 1913 年达到峰值（截至这一年，约有 100 万人从事采矿业）。人口的迅速增长和城市化进程的加快为工业化的持续推进奠定了基础。反过来，工业化也改变了英国国内的城市与人口格局：格拉斯哥（Glasgow）、斯旺西（Swansea）、加的夫（Cardiff）、曼彻斯特（Manchester）、谢菲尔德（Sheffield）和纽卡斯尔（Newcastle）均发展成为人口密集的发达工业区，而不断扩张的铁路网络也使这些地区间的联系更加紧密，交通更加便捷。

综合许多方面来看，英国虽然经历了四年残酷的机械化战争，最终赢得了第一次世界大战的胜利，但一战仍然成了英国全球霸权终结的标志。这场战争不仅导致近四分之三的英国公民丧生，而且还对国家财政造成巨大压力，同时还扰乱了全球贸易格局。曾经为维多利亚时代的繁荣注入动力的行业，如今正经历着激烈的竞争。到了 20 世纪二三十年代，依赖煤矿、纺织、钢铁和造船业的地区出现了大规模失业。此外，一战还加剧了爱尔兰内部的紧张局势。1916 年，推崇民族主义的复活节起义（Easter Rising）在都柏林爆发，遭到了英国军队的残酷镇压。一战刚刚结束之时,民族主义政党新芬党(Sinn Féin)便取得了压倒性胜利,导致爱尔兰政局动荡,最终只能以地区分治而收场。1920年的《爱尔兰政府法案》(Government of Ireland Act)以及1921年的《英爱条约》(Anglo-Irish Treaty),将爱尔兰分裂为两个国家——北爱尔兰(Northern Ireland)由爱尔兰岛东北六郡(安特里姆郡[Antrim]、阿尔马郡[Armagh]、唐郡[Down]、弗马纳郡[Fermanagh]、伦敦德里郡[Londonderry]和蒂龙郡[Tyrone])组成,主要信奉新教;其他26郡则组成爱尔兰自由邦(Irish Free State),以自治领土身份并入大英帝国。1949年,爱尔兰完全脱离英国独立,成立爱尔兰共和国(Republic of Ireland)。至此,"联合王国"(UK)的含义变为"大不列颠及北爱尔兰联合王国"(the United Kingdom of Great Britain and Northern Ireland)。

　　尽管面临着上述压力,英国还是成功地完成了向全面民主(full democracy)过渡,没有像欧洲大多数国家那样,在两场世界大战之间沦为政治极端主义的牺牲品。整个19世纪,选举权逐步扩大。到了1918年,所有男性,以及大部分30岁以上的女性,均获得了选举权。十年之后,年满21岁的女性获得了与男性完全相同的投票权。这一时期,工党登上历史舞台,旨在捍卫工会和劳动人民的权益。不过,在一战结束后的二十年里,保守党(无论是单独执政,还是与其他政党组建联合政府)始终是占据主导地位的政治力量。英国悠久灵活的宪政体制经受住了爱尔兰危机和三十年代经济大危机的冲击。最终,英国首相内维尔·张伯伦(Neville Chamberlain)领导的联合政府(由保守党主导)于1939年被迫向德国宣战,以应对希特勒纳粹政权的扩张。

　　英国在第二次世界大战中的经历,与第一次世界大战截然不同。1940至1944年期间,英国并没有在战壕消耗战上耗费太多精力,而是将作战的重点放在了空中和海上,因此遭受的军事损失约为一战的一半。不过在这次大战中,德国持续对英国本土实施轰炸,将其推向了战争的前沿——1940至1941年间,德军"闪电战"造成了重大的平民伤亡,给城市带来了巨大的破坏。二战初期,英国政府因组织抗战不力,

14

9

遭到了全国上下的谴责。在此背景下,温斯顿·丘吉尔于 1940 年 5 月当选为英国首相。上任后,丘吉尔一面鼓舞国内的抗战士气,一面同美苏两国组建"世界反法西斯同盟",最终击败了德、意、日组成的"轴心国同盟"。1945 年 5 月,欧洲战事以同盟国的胜利而告终,再次证明了英国宪政体制与民主制度的优越性,英国的抗战也在很大程度上被定性为"人民战争"。然而,随着时间的推移,在战争结束后的几十年里,英国显然越来越难以维持曾经称霸全球近一个世纪的主导地位。

如何撰写英国史

15   战后英国史错综复杂,我们该如何讲述这段历史?最直截了当的办法是按时间顺序讲述,许多优秀的史学作品采用的就是这种方法。编年体例的确可以将历史讲得引人入胜,同时也易于读者理解,但存在一些弊端,尤其不适合本书这样体量不大的历史作品。按时间顺序排列的国家历史倾向于将注意力集中在政治领导人和中央政府的举措上,并将大选视为关键的历史转折点,但在整合由长期经济、社会、文化和技术发展所驱动的各种变化方面,或是在呈现普通人的经历时,就显得力不从心。在我看来,这是一个值得重视的问题,因为自 1945 年以来,英国历史的主要特征之一,就是出现了一个更加多元化和多样化的社会,并且在这个社会中,不同的个体有着截然不同的经历。放眼英国的政治和文化,简单化的通俗历史叙事早已充斥其间,若换用一种不走寻常路、可能更具挑战性的方式来书写国家历史,必将大有裨益。

有鉴于此,本书将按照主题展开,从六个层面审视英国的历史,将视角从宏观(世界格局中的英国)逐步缩小至微观(英国内部的个体)。

16   得益于这种架构,本书将探索和整合不同的变革进程,并思考权力如何在各个层面得以行使和遭受挑战。在本书中,笔者将依次阐述如下内容:对英国全球外交格局、军事战略和殖民体系的反思;围绕追求经济增长展开的意识形态斗争;关于福利国家制度的争论;围绕福利国家内涵及福利国家应给公民带来何种福利产生的辩论;苏格兰和威尔士越来越强烈地要求掌握自己的命运,北爱尔兰则要求用和平手段解决内部分歧;抗议团体和社会运动试图扭转社会现状;更加世俗化、更加媒体化的消费型社会崛起,并且在这个社会中,个体对定义自己的生活抱有更高的期望。通过剥离和研究上述不同层面,我们开始理解塑造战后英国的政治角逐,并在此基础上思考下列问题:英国如何调和历史遗产与公众对未来的期望？那些致力于改革英国现状的人们是否有望变革根深蒂固的观念和权力结构？政治家又将如何管理更加多样化、要求更高的民众？

第一章 寻求战后角色定位

　　二战期间,英国为取得最后的胜利,耗费了巨大的人力、物力与财力。因此,德国投降后,世人便迫不及待地称颂英国民众在战争中表现出的英勇与坚韧,却忽视了英国付出了怎样的牺牲,才能保持如此强大的生命力。"在这个古老的岛屿上,我们第一个站起来剑指暴政,"英国首相温斯顿·丘吉尔在欧洲胜利日(Victory in Europe, VE)演说中庄严宣告,并盛赞英国凭借顽强的意志"在整整一年时间里,孤军奋战,苦撑待变"。演说期间,他先用浓郁的英格兰口音抛出了一个问题:"这一代英国人的荣耀与信仰,在多久之后才会被磨灭?"然后又给出了问题的答案——永远不会。"在未来漫长的岁月里,无论自由之花在何处盛开,整个不列颠群岛,乃至全世界的民众,都会牢记我们的付出。"[1]在此,丘吉尔有意颂扬与续写英国的光辉历史,只字未提大英帝国为"这个古老的岛屿"作出的贡献。

　　三年后,丘吉尔再次发表观点。此时,他已不再担任英国首相,而是保守党的领袖。虽然身份发生了变化,但对于英国在未来世界中扮演的角色,他仍然充满信心。在一次保守党会议(地点位于兰迪德诺

---

　　[1]　Winston S. Churchill, *Never Give In! Winston Churchill's Speeches* (London: Bloomsbury, 2013), p.325.

[Llandudno])上,他发表了一篇影响深远的演讲,并且指出,英国在国际体系中扮演着至关重要且不可替代的角色,因为它是自由国家与民主国家内部"三环"——大英帝国及英联邦诸国、英语世界和欧洲的交汇点:

> 在三大圈子里都能发挥重要作用的,仅我们一家……作为诸海路乃至空中航线的中心,不列颠群岛有机会将三大圈子联结成整体。未来的岁月里,倘若我们挺身而出,便会再次找到打开人类幸福与安全之门的钥匙,赢得生前身后名。①

丘吉尔发表上述言论的时间是 1948 年 10 月,此时,将英国视作世界秩序轴心的观点已愈发难以站得住脚。如果说英国领导人的言辞是在抒发其政治理想,那么英国的地缘政治与经济状况则与之形成鲜明对比,理想与现实之间已经出现了一道可怕的鸿沟。首先,英国被迫承认印度与巴基斯坦独立,从而脱离南亚次大陆。自此以后,该地分裂为两个国家,两国持续爆发冲突,致使整个区域深陷动荡之中。其次,二战胜利后,亚洲地区的反殖民主义浪潮兴起,民族自决的呼声愈发强烈,严重动摇了大英帝国在亚洲地区的影响力。最后,英国还面临着财政吃紧的窘境,财政部将美国提供的贷款视为救命稻草,牢牢握住不放。最为致命的是,英国夹在两个超级大国的冷战之间,一边是具有核打击能力的美国,另一边是控制着东欧大部分地区的苏联。这意味着,在美苏争霸中,英国扮演的并不是主角,而只是一个小配角。

在战后的世界新秩序中,英国该如何重塑自己的定位,如何处理昔日世界霸主地位与当下及未来现实境遇的关系,成为英国公众在战后几十年里必须正视的问题。诚然,英国的国际关系,也就是丘吉尔口中的"三环外交"(three circles),曾在 19 世纪巩固了英国的全球霸主地位,但也很容易变成英国战后发展道路上的沉重历史负担。另外,英国

①　Churchill, *Never Give In!*, p. 374.

与德国、日本这类战败国不同，其决策者无须回答"本国在战后世界中的地位"这类尖锐问题。这些决策者坚信，处理好三个方面的关系（即同欧洲的关系、同美国的关系以及同英联邦诸国的关系），是维系帝国荣光的关键所在。为此，他们纵横捭阖，平衡各方，见机行事，目的是想维持英国在这三方中的影响力，但最终事与愿违：英国既没有制定出清晰的战略，也无法给出明确的承诺，令其在国际上的诸多合作伙伴愈发感到失望。

20 　　在相当数量的英联邦国家看来，英国在 2020 年退出欧盟，并不是为了适应当下的外交与经济现状，而是一个故步自封的国家的自欺欺人之举，是一个没落的全球霸主在强撑最后的颜面而已。这种观点未免过于狭隘，英国实际上还没到如此偏狭的地步。事实上，英国的政界、商界和高等教育界都曾大声疾呼，要求重塑英国同欧洲乃至世界的关系，整顿包括伦敦城在内的经济与社会选区，改造体育娱乐部门，以接纳和推进新型国际关系。可以说，2020 年的英国，在很多方面，要比二战末期更加开放、更加全球化、更加包容。

　　其实，英国真正面临的问题是：政界与文化界精英难以形成一种具有说服力与吸引力的话语体系，以便将英国的过去同当下及未来连接起来。英国在二战期间的光荣事迹，不仅成了检视英国当下政治立场与流行文化的标准，而且起到了以偏概全的效果：丘吉尔式的表述只凸显了英国自己的丰功伟绩，绝口不提它从各处领地与殖民地获取的支持，也回避了英国是世界反法西斯联盟成员（即英国并非靠单打独斗取得胜利）这一事实。这种自我神化的方式，使英国更难认清自我，从而在面临诸多现实性的外交选择时，特别是在面对新兴的欧洲共同
21 体时，难以作出明确的承诺。虽然许多政要都认识到，加入欧洲一体化进程最符合英国的国家利益，但鲜有人能够表述清楚，英国作为一个欧洲大国，该如何重新定位自己的角色。因此，在具有前瞻性的正能量话语体系尚未形成之际，那些对当下灰心失望的人们，必定会沉湎于过去的荣光，从中寻找慰藉。

战后复苏,帝国复兴

1945 年,英国的当务之急是,恢复被战争彻底打破的国内及国际均势。英国想要恢复大国的名望,就必须作出一些艰难的决定。其中,最为棘手的问题是解决财政危机,以填补战争产生的巨大债务。短短几十年里的两场世界大战,已经掏空了英国的国库,将其从世界最大的债主变成了欠钱最多的债务人。与此同时,美国在战胜日本后,还突然取消了为战事借款提供担保的《租借法案》(Lend-Lease Act),使英国猝不及防地面临着一场"金融领域的敦刻尔克大撤退"(语出自著名经济学家约翰·梅纳德·凯恩斯[John Maynard Keynes])。凯恩斯本人还被派往华盛顿磋商新的援助事宜。虽然美国最终同意提供一笔37.5 亿美元的借款,并在三年后通过惠及整个欧洲的"马歇尔计划"(Marshall Aid)继续支付巨额资金,但英国的财政状况仍然岌岌可危,需要仰承美国人的鼻息。不过,英国的基础设施并未像欧洲其他国家那样遭受战争的严重破坏。所以,在战后的年月里,所有可用的产能都被调动起来,用于生产出口产品,以稳定英镑汇率和减少财政赤字。而英国消费者的渴求,恐怕只能等到该国恢复全球金融信誉后,才能得到满足。

战争还重创了英国在其部分统治区域内的威信。敦刻尔克大撤退本就是一场被逼到绝境的撤离行动,却能被强行粉饰为绝地反击的壮美史诗。不过,当英国谈及其在亚洲地区的失败时,便再也无法自圆其说了。1942 年 2 月,一支 1.3 万人的英军部队向人数远少于己方但士气更为高昂的日军入侵部队投降,将新加坡拱手让给了日本,堪称英国近代历史上最为戏剧性的转折。在接下来的几周里,日军侵扫缅甸,仰光也随之陷落。到了 1945 年 8 月,虽然盟军击败了日本,但该地的局势显然已经无法恢复到战前状态。印度地区也是如此,面对印度国内风起云涌的民众反抗运动,英国别无他法,只能通过高压手段和监禁活跃分子的方式,勉强维持局势。英国政府认识到,自己已无力压制印度的民族自决诉求,遂任命蒙哥马利爵士(Lord Montgomery)为印度总

23 督,负责磋商英国撤离问题。然而,到了 1947 年 8 月,英国竟在未制定任何和平过渡方案的情况下,径自从南亚次大陆撤离。印度与巴基斯坦为抢夺英国遗留下的土地,爆发激烈冲突,致使约 100 万人在动乱中丧生,另有 1 200 万人流离失所。英国从巴勒斯坦地区的撤离同样令当地猝不及防,同样引发了惨烈的冲突——1947 年 11 月,英国在未敦促犹太与阿拉伯双方主要领导人达成有效解决方案的情况下,突然宣布放弃英属巴勒斯坦托管地,同时也未采取任何措施阻止该地区局势迅速滑向战争。在上述两起事件中,不仅英国的国际公信力大打折扣,而且印度的独立,也使大英帝国丧失了大量资源,其中兵源损失尤为惨重,严重削弱了英国在亚洲地区的兵力投射能力。

　　即使英国面临着重重压力,也被迫作出了许多让步,但国内主要政党的领袖心有不甘,仍在极力捍卫昔日的全球霸主地位。欲实现此目标,当务之急是增强军事实力,更何况大英帝国如百足之虫,死而不僵,虽然没落,但实力尚在,只是需要与时俱进。自 1945 年 8 月美国在广岛和长崎投下原子弹后,人类战争的性质与国际外交格局便发生了根本性的变化。从军事战略的角度客观地分析,掌握核打击能力的国家,在国际事务中必然能够掌握绝对的话语权。由此看来,对于英国而言,发展核武器便是一个非常清晰的追赶战略,英国也下定决心要加入有

24 核大国的行列。于是,二战结束后不久,当工党政府断定美国有意终止跨大西洋的科学合作项目"曼哈顿计划"(Manhattan Project,美国通过此计划研发出世界上第一颗原子弹)时,便决定研制本国的核武器——借用外交大臣欧内斯特·贝文(Ernest Bevin)的话说,英国内阁想要的是一枚"插着米字旗的骇人炸弹"。为此,英国不惜付出巨大的代价,在极端机密的条件下,启用非常规的政府机制,研制出流淌着纯正英国血统的核弹,从此走上了独立发展核威慑能力的漫漫长路,在寻求实现核威慑可行性与竞争力的道路上踽踽前行。1952 年 10 月,英国成功试爆第一颗原子弹,《每日快报》(*Daily Express*)盛赞此举无声地向世界宣告了英国的战略意图,令"英国一夜之间重回世界强国行列",再也不

用"光着膀子站在美苏两个有核大国之间瑟瑟发抖"。① 在此壮举面前,财政上的捉襟见肘,技术上的重重困难,都不值得一提。正如全力支持工党的丘吉尔所说,拥有原子弹是国家实力的象征,是"英国为坐上世界头把交椅付出的代价"。②

英国不遗余力地将自己打造为历史学家大卫·艾杰顿(David Edgerton)所说的"战争国家"(warfare state),发展核武器仅仅是其中一环。③ 尽管财政状况岌岌可危,但英国依然能够募得资金,为其在全球范围内维持军事部署和投射兵力提供支持。另外,该国还首次在和平年代实行强制征兵,要求所有年满十八岁的英国公民必须服兵役。此举能够弥补印度独立造成的兵员不足,有助于英国履行其在欧洲(特别是德国被占领区)以及整个帝国辖地内的军事承诺。随着美苏两国的军备竞赛升级为"冷战",大国之间随时重新爆发冲突的可能性仍然很大。有鉴于此,英国坚定地站在美国一边,于 1949 年 8 月签订了《华盛顿条约》(the Washington Treaty),参与组建了囊括北美与欧洲诸国的集体防御体系,即"北约"。在"遏制共产主义扩张"方面,英国同样鞍前马后为美国效力,在 1950 至 1953 年间参与朝鲜战争,公然插手朝鲜半岛局势。截至 1953 年朝鲜战争结束,共有 1 000 余名英国士兵命殒战场。为苦苦支撑全球军事部署体系,英国付出了高昂的代价。20 世纪 50 年代初,英国的国防支出约占国民生产总值的 10%,远超两次世界大战爆发前的水平。④ 但即便如此,英国也很难赶上美苏两个超级大国的脚步。

在处理英帝国同英联邦诸国关系方面,英国仍保留着旧式的霸权主义思维。印度的独立并没有削弱英国对帝国辖地的统治,只不过迫

① *Daily Express*, 4 October 1952, p. 1.
② Peter Hennessy, *The Secret State: Whitehall and the Cold War* (London: Penguin, 2002), p. 44.
③ David Edgerton, *Warfare State: Britain 1920–1970* (Cambridge: Cambridge University Press, 2005).
④ David Edgerton, *The Rise and Fall of the British Nation: A Twentieth-Century History* (London: Allen Lane, 2018), p. 75.

26 使其更换了措辞,美其名曰"推动现代化"和"委任统治"。当时,英国国内盛行两种观点:一是认为亚非地区的各殖民地尚未为独立做好"准备";二是担心这些殖民地会受冷战局势的影响,倒向共产主义(美国亦有此担忧)。为此,伦敦政府制定了详尽的帝国发展计划与资源开发方案,以改善财政状况,同时时刻准备动用武力确保资源开采不受国内外种种势力的威胁。例如,在盛产橡胶与锡矿的马来亚(Malaya),英国常派重兵镇压反对殖民当局的起义活动。又如,1952 至 1960 年间,肯尼亚爆发茅茅起义,英国为平定叛乱,大肆拘捕与拷打茅茅党人,甚至派出飞机实施轰炸,致使一万余名起义成员丧生。可见,种族主义偏见在殖民地官员与军队官兵头脑中根深蒂固,当地民众完全被视作行事偏激的蛮夷。

但是,要论哪场干涉行动最为明目张胆,且造成的影响最大,史学家必然会提及英国插手埃及内政。事实上,埃及早已于 1922 年取得独立,但此后英军势力仍长期盘踞于此,意在捍卫英国在英法共同所有的苏伊士运河中的战略利益。然而,随着民族主义与反帝国主义情绪在埃及国内日益高涨,顺应民意的贾迈勒·阿卜杜·纳赛尔(Gamal Abdel Nasser)当选为埃及总统,英国在此地的影响力因此发生动摇。到了 1956 年 7 月,纳赛尔无视英国于 1954 年同埃及达成的撤军协议,毅然决定将苏伊士运河收归国有,公然向英法两国在埃及地区的权威

27 与经济利益发起挑战。历史学家约翰·达尔文(John Darwin)曾经指出,"英国利用运河区及其基地的能力……是其在本土之外仅存的最大地缘战略资产",也是英国在中东扮演重要角色的基石,使英国完成了身份的蜕变,"不再只是一个欧洲强国"。[①] 所以,英国此时陷入了尴尬的境地——如果不接受纳赛尔的挑战,便等于默认英国国际地位江河日下的事实,而且英国首相安东尼·艾登(Anthony Eden)在处置此次危机时,仍抱守二战思维,认为向独裁者妥协不符合英国的国家利

---

① John Darwin, *The Empire Project: The Rise and Fall of the British World-System* (Cambridge: Cambridge University Press, 2009), p. 590.

益。于是,在同埃及方面协商未果后,英法两国便勾结以色列,制定出一项绝密计划——以色列先向埃及发动袭击,英国趁机以此为借口,出兵保护苏伊士运河区。但是,艾登政府对英国国际影响力下降缺乏清醒的认识,严重低估了美国以及国际舆论对英国出兵埃及的反应。1956 年 11 月,英法联军刚登陆埃及,便立刻引发铺天盖地的谴责:联合国大会(UN General Assembly)召开紧急会议,通过了一项停火决议。与此同时,投机者们见美国没有支持英法的行动,纷纷抛售手中的英镑,导致英镑急剧贬值。在道义与经济的双重压力之下,英国再也支撑不住,最终从苏伊士地区撤军,将此地交由联合国维和部队接管。艾登也以身体不适为由,宣布辞去首相职务,但就在不久前,他还向下议院瞒报了自己参与英法以三国密谋的事实。可以说,此次出兵,令英国颜面尽失。

经历"苏伊士运河危机"的滑铁卢后,英国政府的国内外威望大打折扣。原先不可一世的大英帝国,如今像一位耄耋老人,在镜中看到的是病骨支离的自己。显然,英国已经意识到,离开了美国的支持或默许,自己再也无法对世界局势指手画脚。这种认知奠定了未来几十年英国对外政策的基调。不仅如此,英国自我标榜的"道德领袖"形象也严重受损,早就对"建制派"心怀不满的人们借机大做文章,抨击该派"盲目自大,故步自封"。不过,我们不可过于夸大"苏伊士运河危机"的转折意义,因为英国不会轻易放弃其在全球的影响力,而且"大英上国"的观念根深蒂固,短时间内不会发生转变。艾登的继任者哈罗德·麦克米伦(Harold Macmillan)上任一周后,向全国发表广播讲话,驳斥了英国正处于螺旋式衰退的说法:

> 战争结束以来,我常听人们这样说:"英国现在不就是个二三流国家吗? 属于它的时代不是正在落幕吗?"这简直是无稽之谈! 英国是个伟大的国家,请问心无愧地说出这句话……别再用失败主义的论调评判她是什么二流国家,也别去担心还没发生的糟心事。只要我们团结一致,做好本职工作,英国将始终保持辉煌,无

28

29

论过去、现在，还是将来。①

"苏伊士运河危机"在英国国内造成了巨大的分歧，但从艾登辞职开始，这场政治风暴很快便风平浪静。与此同时，麦克米伦作出种种努力，试图重修与美国的关系，并且向英国公众保证，英国一切如旧。然而，英国民众心知肚明，"苏伊士运河危机"是一个信号，预示着更深层次的地缘政治力量将迫使英国在政策上做出重大转变。

从全球性帝国向普通欧洲国家转型

二战结束后的十余年里，英国为保全自身大国地位与战略定位，既作出了一些让步（最具代表性的事件是承认印度与巴基斯坦独立），也多次尝试适应战后的军事实力与地缘政治变化（如发展核武器与推进大英帝国的"现代化"），但从未从根本上反思英国在战后世界的地位。然而，到了 20 世纪 50 年代末 60 年代初，世界的变化日新月异，维持现状显然已不再是明智的选择，英国到了必须改变的时候。与此同时，纳赛尔的举措表明，波澜壮阔的民族主义思潮与反殖民主义浪潮正席卷亚洲、非洲乃至中东地区，若此时仍在个别地区推行零星的改革，恐怕已是江心补漏。各殖民地政治运动的声势日益浩大，要求独立的呼声也愈发强烈，严重地动摇了传统殖民列强的统治权威，法国、比利时与英国等国无一能够幸免。倘若贸然采用军事镇压手段，恐怕会横尸遍野，因此并非长久之计。广为人知的阿尔及利亚独立战争就是最好的例证：1954 至 1962 年间，法国试图镇压阿尔及利亚民族解放阵线（Algerian National Liberation Front，FLN）领导的独立运动，结果不仅没有取得预期的成功，反而造成巨大的人员伤亡，引发国内政局动荡，直至法国承认阿尔及利亚独立，各方才重归于和平。由此可见，抱守殖民主义残缺，是在逆历史潮流而行。

---

① Dominic Sandbrook, *Never Had It So Good: A History of Britain from Suez to the Beatles* (London: Little Brown, 2005), p.92.

与此同时,欧洲刚从二战留下的疮痍中恢复,进入战后重建阶段,从而给英国提出了新的难题。短短两代人的时间里,地缘政治矛盾就已经引发两场大战,给欧洲大陆带来了巨大的浩劫。为了防止历史的悲剧重演,舒曼(Schuman)于 1950 年 5 月发表宣言,提议成立欧洲煤钢共同体。法德两国遂以此为开端,积极推进欧洲合作与协作,将其奉为消弭地缘政治矛盾的唯一方式。但是,英国仍急于确立在全球事务中的角色定位,渴望将本国同其他大国区分开来,所以并没有对舒曼的倡议表现出丝毫的热情。1957 年 5 月,德国、法国、意六利、比利时、卢森堡与荷兰签署《罗马条约》,建立欧洲经济共同体(the European Economic Community, EEC),并提出了"持续增进欧洲团结"的宏伟目标。然而,从各方开始磋商,到最终达成协定,英国始终摆出一副袖手旁观的架势,从一开始就失去了主导欧洲经济共同体性质和欧洲一体化走向的机会。至此,外界对英国立场的猜疑也得到了印证——英国并不认为自己的利益与西欧各国休戚相关。

不过,在 1960 年 5 月的时候,英国还是参与创立了欧洲自由贸易联盟(European Free Trade Association, EFTA)。该组织将英国在内的 7 个非欧洲经济共同体成员国(奥地利、丹麦、挪威、葡萄牙、瑞典、瑞士和英国)拉拢在一起,但其授予成员国的经济权益却与欧洲经济共同体大相径庭,最终弄巧成拙,反而坐实了英国仅仅是"欧洲一体化进程"外围国家的地位。到了 20 世纪 50 年代末,越来越多的人对英国的经济实力表示担忧,生怕欧洲经济共同体成员国(特别是德国)会逐渐赶超英国。另外,1960 年 2 月出台的一份政务报告《未来政策研究:1960—1970 年》(*Future Policy Study 1960 -70*)也发出警告:英国在战略与财政方面作出的过度承诺将会引发种种风险。该报告还指出,"英国在制定政策时,必须明确这样一条基本准则:永远别让自己落入必须在美国与欧洲之间二选一的境地"。① 这项研究没有明确考虑英

① Ross Christie, '"Britain's Crisis of Confidence": How Whitehall Planned Britain's Retreat from the extra-European World, 1959 - 68' (University of Stirling PhD thesis, 2004), p. 102.

32　国是否需要加入欧洲经济共同体，但其实只要不动摇大西洋联盟（the Atlantic alliance）的根基，对于在战略上面临重重挑战的英国来说，加入欧洲经济共同体也不失为一项愈发具有吸引力的选择。

　　整个 20 世纪 60 年代，英国夹在上述几股此消彼长的势力之间，被迫对外交政策作出了重大调整，主要表现为：大幅削减部署在帝国各辖地内的常规军力，收缩帝国统治规模，将战略重点转向欧洲。1962 年 2 月，哈罗德·麦克米伦在南非议会发表演说，标志着大英帝国的殖民体系开始逐渐瓦解。他在这场著名的演说中指出，随着"民族意识的觉醒"，"变革之风"正吹遍整个非洲，即使再精明的政客，都无法阻挡这股时代的浪潮。在此基础上，哈罗德·麦克米伦抛出观点——"我们必须接受现实，并敦促英国政府将其纳入战略考量"。[①]不仅如此，大英帝国殖民体系的道德与意识形态根基也已土崩瓦解，无法支撑一个庞大的帝国在经济与战略上进行过度的扩张，以致大英帝国在撤出各殖民地时，除了能够确保权力可以被相对平稳地移交给当地的精英阶层外，就几乎再也做不了什么了。截至 1960 年，英国已经承认加纳（Ghana）和马来亚独立，而在接下来的几年里，陆续有更多的国家脱离英国的殖民统治，其中包括非洲诸国（尼日利亚、乌干达、肯尼亚、冈比亚、塞拉利昂、坦桑尼亚）、亚洲诸国（新加坡和马尔代夫）、地中海诸国（塞浦路斯、马耳他）、加勒比海诸国（牙买加、特立尼达和多巴哥［Trinidad and Tobago］、巴巴多斯）、中东国家（亚丁）和大洋洲国家（西萨摩亚［Western Samoa］）。与此同时，英国开始分阶段裁减军队，先于 1963
33　年宣布废除国民兵役制（National Service），后于 1968 年 1 月撤走了苏伊士河以东所有基地的军队。但是在部分殖民领地，如罗德西亚、福克兰群岛，英国或是无法与当地精英达成合适的撤离方案，或是考虑到立刻撤出不合时宜，所以只能采用英联邦这种多国共治的政权组织形式。但无论怎样，大英帝国的殖民时代的确已经落幕了。

---

　　①　麦克米伦 1960 年 2 月 3 日在南非议会的讲话，见 https://www.speech.almeida.co.uk/harold-macmillan。

　　按照麦克米伦的计划,英国从帝国殖民体系中抽身后,就可以把更多的精力放在推进加入欧共体的事业上。1962 年,他抱着谨小慎微的态度,成功说服所在的保守党支持英国正式申请加入所谓"六国会"(译者注：指欧共体),希图以此为手段,达到重振经济和深耕欧洲大陆内部关系的目的。对于全球影响力江河日下的英国来说,一个看似具有吸引力的选择正摆在面前,那就是借助同欧洲的关系谋求国家战略利益。不过,美国前国务卿迪安·艾奇逊(Dean Acheson)于 1962 年 12 月发表了一番著名的言论,用犀利的措辞道破了英国的这层心思。他指出,英国"已经失去了一个帝国,却还没找到自己的位置。它渴望成为独立的一极,也就是要在与美国保持'特殊关系'的基础上,置身欧洲之外,同时又能独领英联邦诸国……这种想法恐怕有些不合时宜"。在艾奇逊看来,相比于这种不切实际的幻想,英国申请加入欧共体的做法"具有重大的转折意义",如果申请得到批准,"英国将迈出重大的一步"。[①] "大英帝国"已成为过去式,放眼欧洲才是英国的未来。不过,想要摆正英国同欧洲的关系,也绝非易事。此问题在英国政界引发了政治分歧。工党领袖休·盖茨克(Hugh Gaitskell)于 1962 年 12 月公开表示,加入欧共体意味着"英国将不再是一个独立的欧洲国家……长达千年的英国历史将由此终结,英联邦也将不复存在"。此后几十年里,国内各派定将在如何处理英欧关系的问题上争执不休。[②] 更重要的是,从欧共体各成员国的角度来看,它们一时间尚未做好准备接受英国的提议。法国总统夏尔·戴高乐(Charles de Gaulle)坚持认为,英国并没有真正将自己视作一个欧洲国家,只不过是美国势力想要安插进欧共体内部的代理人,所以不受待见。戴高乐两次否决了英国的申请,第一次是在 1963 年 1 月,第二次则是在五年后,当时正值盖茨克的继

34

---

　　① *Guardian*, 6 December 1962, https://www.theguardian.com/century/1960-1969/Story/0,,105633,00.html.

　　② 休·盖茨克 1962 年 10 月 3 日在工党会议的讲话,见 https://www.cvce.eu/en/obj/speech_by_hugh_gait skell_against_uk_membership_of_the_common_market_3_october_1962-en-05f2996b-000b-4576-8b42-8069033a16 f9.html.

任者哈罗德·威尔逊（Harold Wilson）号召工党再次向欧共体提交加入申请，并认为此举符合英国的最高利益。回望整个 20 世纪 60 年代，英国丧失了相当一部分全球影响力，却仍未在欧洲站稳脚跟。

不过，欧共体意见的天平最终还是倾向了英国一边，这要追溯至一起标志性的事件——1969 年，戴高乐辞职，"欧洲通"爱德华·希思（Edward Heath）于次年当选为英国首相。希思将"推动英国加入欧共体"列为执政期间的头等大事，经过不懈的努力，成功地说服了戴高乐的继任者乔治·蓬皮杜（Georges Pompidou）和欧洲的其他反对派。与此同时，英国议会也通过了加入欧共体所必需的立法，但无论是保守党还是工党，各自内部仍在此问题上存在分歧。最终，英国于 1973 年 1 月加入欧共体，与爱尔兰和丹麦同属一批，但这并没能终结国内的政治分歧。1974 年，哈罗德·威尔逊再次当选为英国首相。此时，他唯一能消除工党内部分歧的方法是，就英国是否继续留在欧共体问题，重新磋商条款并发起全民公投。此举事关重大，因为它不仅是英国历史上的第一次国家公投，还确立了"将涉及国家主权的重大事项交由选民决定"的原则。因此，让英国民众知晓英国外交政策的利弊，成为英国精英阶层的当务之急。为此，保守党、工党和自由党的领袖行动起来，新闻界与商界人士也纷纷响应，共同为争取"赞成"票奔走呼号。功夫不负有心人，1975 年 6 月，67% 的民众最终参与了公投，其中 64% 的投票支持英国继续留在欧共体。至此，英国总算在欧洲站稳了脚跟。

纵观英国从各殖民地的撤出情况，除个别人尽皆知的特例外，总体上进行得较为平稳，在英国民众当中引发的不满情绪几乎可以忽略不计。与此同时，在上文提到的高调投票中，英国加入欧共体也得到了强烈的支持。读到这里，我们恐怕忍不住要得出这样的结论：20 世纪 60 至 70 年代，英国顺利地完成了从全球性帝国向普通欧洲国家的转型。但现实并非如此，英国的转型远没有这么干净利落。虽说英国公众可能已经相对平静地接受了大英帝国没落的现实，但大英帝国的统治长达数个世纪，在人们头脑中留下的思维模式早已根深蒂固，并非一朝一夕就能转变。这一点在英国民众对待原殖民地移民的态度上得到了充分体现。无论是英国人自身的优越感,还是种族等级观念,抑或英国总想插手全球事务的冲动,短时间内都很难被扭转过来。另外,1975 年的公投虽以皆大欢喜的结局而告终,但并不表明英国公众从心底接纳了"欧洲一体化进程"。对于英国这样一个想要保住自身经济竞争力且亟须"找准角色定位"(语出自艾奇逊)的国家来说,加入欧共体只不过是权宜之计,是政客向公众贩卖的一种概念。然而,像希思这样对欧共体赤胆忠心的政客少之又少,英国继续在欧洲和美国及英联邦诸国之间采取两边倒的政治与文化策略。公投活动一结束,就再也没有政客愿意向英国民众兜售"加入欧共体"的概念。更何况对大部分普通民众来说,他们对欧共体的了解,以及对加入欧共体的热情,也仅仅是停留在表面而已。

维持全球地位

1979 年,保守党在大选中获胜,该党领袖玛格丽特·撒切尔因此成为英国首相。撒切尔夫人在位长达 21 年,直至 1990 年才宣布辞职。她当政期间,英国的帝国主义思想残余一息尚存,干涉全球事务的野心昭然若揭。撒切尔夫人认为,在战后的几十年里,英国已经失去了曾令其不可一世的价值观,同时又唯唯诺诺地接受了自己没落的现实。她毫不掩饰地重新拾起"让英国重现辉煌"的言论,重申了与美国结成冷战同盟的重要性,并且在处理英欧关系上摆出了明显的功利性态度。撒切尔夫人是一位典型的现实主义者,绝不会在去殖民地化的时代大潮面前螳臂当车:1980 年,撒切尔政府就长期存在的罗得西亚内战问题,推动各方达成协定,促成了津巴布韦的独立;1984 年,中英两国政府签署《中英关于香港问题的联合声明》,宣布英国将于 1997 年将香港交还给中华人民共和国,由中华人民共和国政府对香港恢复行使主权。但在捍卫她认定的"英国国家利益"方面,她向来手腕强硬,从未有过丝毫的畏惧,这一点在马尔维纳斯群岛战争中体现得淋漓尽致。此战巩固了撒切尔夫人的国际声誉,同时也改变了她的政治命运。加尔铁里(Galtieri)军政府统治期间,阿根廷入侵马尔维纳斯群岛,宣布对该岛拥有主权。面对此情况，撒切尔夫人孤注一掷，集结一支特遣部队，用出兵的手段作出了回应。在世人看来，这一切都在预料之中。其实，这些岛屿本身并没有什么价值，但能否守住它们关系到国家的尊严，正如阿根廷作家豪尔赫·路易斯·博尔赫斯（Jorge Luis Borges）所说，英阿的这场冲突就像"两个秃子争夺一把梳子"。在《太阳报》（*Sun*）与《每日邮报》（*Daily Mail*）等鼓吹大国沙文主义的报纸的支持下，撒切尔夫人对交战过程中存在争议的诸多事实闭口不谈（如阿方"贝尔格拉诺将军"号［General Belgrano］巡洋舰被英国潜艇击沉事件），只强调夺回群岛的意义——证明英国不再是"一个一味退让的国家"。英国取得马岛战争的胜利后不久，保守党便于 1982 年 7 月在切尔滕纳姆（Cheltenham）举行集会。会上，撒切尔夫人发表了公开演说，内容如下：

> 我们付诸行动的时候，迟疑者犹豫不决，懦弱者胆小怕事。有人觉得，英国再也掌握不了主动权；也有人认为，我们再也找不回昔日的荣光；更有甚者，坚称英国的衰退无法逆转，过去的辉煌已一去不复返……英国已不再是那个日不落帝国。事实证明，他们大错特错。马尔维纳斯群岛战争给全世界上了一课，它让所有人知道，英国还是那个英国，这个国家在历史上所拥有的宝贵品质，如今依旧熠熠生辉。①

马尔维纳斯群岛战争的真正意义在于重拾民族主义与帝国主义旧梦的论调，使二者的合理性得以存续。虽说撒切尔夫人因为鼓吹军功而受到部分人士的指责（例如坎特伯雷大主教罗伯特·朗西［Robert Runcie］，他曾在马尔维纳斯群岛举办的感恩节晚祷仪式上缅怀了英阿双方在这场战争中的死难者，所作的布道辞充满了火药味），但她仍旧在下一年的大选中获得了胜利。这表明，类似的爱国主义言论在英国

---

① https://www.margaretthatcher.org/document/104989.

越来越有市场,高涨的民族主义情绪令英国民众很难静下心来探讨英国究竟应该在全球事务中扮演怎样的角色。

　　在处理英国同欧洲的关系上,撒切尔夫人采取了类似的激进手段。她虽然在 1975 年的公投中支持英国加入欧共体,但在成为英国首相后,却毫不掩饰自己在外交立场上对德法关系所持的怀疑态度。另外,她对欧洲一体化福祉的看法完全以英国国家利益为中心,并且牢牢地建立在对市场利益的判断之上。比如,1984 年,撒切尔夫人坚定地认为,欧共体成员国的身份并没有给英国带来什么实际价值,所以毅然就英国为欧洲财政贡献的份额问题提出谈判。再比如,撒切尔夫人非常乐于支持 1986 年的《单一欧洲法案》(Single European Act),因为该法案确立了建立欧洲单一市场的目标,有望给英国带来经济红利,但在谈到政治一体化的前景时,特别是欧盟委员会主席雅克·德洛尔(Jacques Delors)提出的干涉主义社会政策时,撒切尔夫人的态度就发生了一百八十度的转变。1988 年 9 月,撒切尔夫人在位于布鲁日(Bruges)的欧盟大学(the College of Europe)发表演说时指出,自己所做的一切就是为了能看到"独立主权国家之间积极互动的合作",而不是"打压各成员国的主权地位,利用欧共体这个庞然大物玩弄中央集权"。她继续说道,"我们尚未成功击退英国政府的权力触角,它就已经在欧洲层面复现,因为一个轴心位于布鲁塞尔的欧洲超级大国正在成为新的主宰"。[①] 这场著名的"布鲁日演说"之后,撒切尔夫人同欧洲的关系急转直下,导致包括奈杰尔·劳森(Nigel Lawson)和杰弗里·豪伊(Geoffrey Howe)在内的多名内阁领袖心生不满,与她离心离德。加之撒切尔夫人反对英国加入的欧洲汇率机制(European Exchange Rate Mechanism,主张协调欧洲各国汇率),并且对两德统一的前景持怀疑态度,种种因素迫使这位铁腕人物于 1990 年离开了权力中心。不过,"布鲁日演说"在后座议员席当中引发了强烈反响,因为它从欧洲怀疑论者的情绪中提炼出具体的观点,在未来几十年里极大地推动了保

39

40

――――――――――

①　https://www.margaretthatcher.org/document/107332.

守党对欧策略的成型。撒切尔夫人的继任者约翰·梅杰（John Major）在接过首相职务后，促成了议会批准 1992 年的《马斯特里赫特条约》（Maastricht Treaty），带领英国进入欧洲一体化进程的下一阶段，但这一成就的取得，其实是建立在退出若干重要领域的基础之上，特别是英国放弃加入欧元区（欧元是欧盟拟定的统一货币），以及拒绝遵循《马斯特里赫特条约》项下的《欧洲社会宪章》（Social Chapter，涉及需要欧盟成员国遵循的社会政策，如保障劳动者的工作条件等）。与此同时，梅杰还要忍受下议院中保守党内部反对派不时发出的种种诘难。当代英国成型的前二十年里，这个国家一直扮演着若即若离的欧洲同伴角色，在激发民众对欧洲一体化的热情方面，几乎什么都没有做。

1989 年，柏林墙倒塌，紧随其后的，便是苏联的解体。于是，西方各国弹冠相庆，认为这是西方民主的胜利，却没有看到 1991 年燃起的巴尔干半岛战火仍在提醒世人"历史远远没有到达胜利的终点"。20 世纪 90 年代，全球化与经济自由化的浪潮席卷寰宇，英国的金融业从中受益颇多。在此期间，连接福克斯顿（Folkestone）与加来（Calais）英伦海峡海底隧道于 1994 年开通，瑞安航空公司（Ryanair）与易捷航空（Easy Jet）等廉价航空公司也在 20 世纪 90 年代中期纷纷崛起，个人出行的便利性空前增强。与此同时，随着互联网被引入英国，网络开始走进英国百姓的日常生活，形成了一种强大而新型的全球联系。不过，即使英国在某些方面变得远比以往灵活和开放，但还是鲜有迹象表明，这个国家已经接受了其全球地位已经发生了变化的现实。无论是政客与社会评论家，还是文化制作人，都在竭尽所能地围绕英国的世界地位，编制出一套能够让听众信服的叙事体系，其结果也显而易见——那些老生常谈的内容继续在人们的头脑中占据着一席之地。基于二战的叙事仍有着相当大的影响力，它们在塑造大众对待欧洲，特别是德国的政治观点方面，发挥着显而易见的作用。例如，1996 年欧洲足球锦标赛英格兰对阵德国的那场比赛开始前一晚，《每日镜报》（*Daily Mirror*）在头版打出了这样一句标题——"立正投降！"（Achtung Surrender！）。我们再回到英美关系上来，虽说撒切尔夫人与美国总统里根的私人关系为跨越大西洋的英美外交锦上添花,英国也在美国带头发动的海湾战争(the 1990-1 Gulf War,目的是回应伊拉克入侵科威特)中出兵出力,但这种"特殊的关系"似乎并没有建立在平等的基础上。同美国持续开展军事与情报合作也没有直接给英国带来明显的外交红利,英国早已在英联邦诸国当中失去了威望,澳大利亚和加拿大对美国的依赖远胜英国。放眼英国国内,种族主义持续存在,表明许多人仍然难以接受多元文化社会,这是英国在帝国战略定位上举棋不定造成的必然结果。1997年,托尼·布莱尔(Tony Blair)当选为新一任首相,他领导的新工党(New Labour)政府试图以"时尚英伦"(Cool Britannia)运动为契机,重塑英国形象,打造富有文化活力的英国国家品牌,但最终收效甚微。不过,得益于相对繁荣的经济,到了20世纪末,曾在整个70年代喧嚣一时的唱衰英国论调失去了市场。但是,关于英国未来在世界上的地位,还是没有人能给出令人信服的观点。

2001年,"9·11"事件爆发,由伊斯兰教激进分子组成的基地组织策划了一系列恐怖袭击,被该组织挟持的客机分别撞向了纽约世贸大厦的双子塔楼和位于弗吉尼亚州(Virginia)阿灵顿县(Arlington County)的五角大楼。此事发生后,盛行于20世纪90年代的外交乐观主义顷刻间烟消云散,布莱尔立刻表示,只要美国发动"反恐战争",英国便会坚定地同美国"并肩作战"。随后,美国指控塔利班领导人窝藏基地组织成员,以此为借口率领多国部队对阿富汗采取军事行动,英国也参与其中。1999年4月,布莱尔在芝加哥的一场演讲中指出,在某些情况下,英国的军事行动师出有名。例如,为了扼杀针对科索沃境内穆斯林的种族大清洗阴谋,英国加入了北约领导的军事行动,对南斯拉夫军队实施了多日轰炸。布莱尔还表示,在接下来的几年里,他将充分运用"自由干涉主义",坚决支持对流氓政权使用武力。可以说,这番言论重新诠释了英国在全球扮演的角色,并为其找到了道义支撑。布莱尔在科索沃和阿富汗实施的强硬政策尚能在国内赢得广泛的支持,而等到其支持美国总统乔治·W.布什(George W. Bush)入侵阿富汗推翻萨达姆政权时,却引发了巨大的争议。布莱尔急于为出兵伊拉克找到无懈可击的借口，但又找不到伊拉克同"9·11"事件的关联，只好怂恿美国向联合国上交提案，指控伊拉克藏有大规模杀伤性武器（weapons of mass destruction, WMD）。联合国同意派出一支由瑞典外交官汉斯·布利克斯（Hans Blix）领导的武器调查小组，前往调查伊拉克所谓的"大规模杀伤性武器"制造计划，结果没有找到任何确凿的证据，致使联合国内部出现分歧，最终未能通过决议授权英国发动战争。但英国并没有善罢甘休，仍于2003年5月参与了美国领导的入侵伊拉克行动。对布莱尔来说，继续紧随美国脚步打击"邪恶"政权，终究是压倒其他一切政治考虑的头等大事。

　　伊拉克战争在英国民众当中引发了自苏伊士运河战争以来最为严重的分歧，超过一百万人走上伦敦街头，参与反战游行。布莱尔更是顶着党内强烈的反对声浪，获得了下议院的战争授权。起初，战事进展得较为顺利，联军在三周内便攻陷了巴格达，似乎证明布莱尔的出兵决策顺应了天意。然而，联军最终既没有找到"大规模杀伤性武器"，也未能恢复稳定的局势，从而暴露了此次出兵只不过是鲁莽行事，缺少长远的战后重建计划。随着英国的军事损失不断增加，舆论对布莱尔的非议声越来越大，指责其巧立名目将英国带入了战争的泥沼。围绕伊拉克战争及其正义性产生分歧，致使布莱尔声誉扫地，同时给工党带来了巨大的伤害。最终，英国先于2011年从伊拉克撤军，后在2014年撤离阿富汗，全然不顾两个国家仍处于动荡之中。到了2021年，仅剩的英国训练与顾问任务也随着美国从阿富汗撤军被一同撤回。与此同时，塔利班政权立刻重新控制了阿富汗首都喀布尔（Kabul）。这样的结局可以被看作是对西方傲慢态度的狠狠羞辱。但是，战争并没有给世界带来和平，因为西方的军事干涉埋下了仇恨的种子，招来了变本加厉的恐怖主义袭击。2005年7月，伊斯兰极端分子在伦敦市中心制造了一系列地铁和公共汽车炸弹袭击，造成52人死亡。随后的几年里，类似的事件层出不穷，不仅在英国时有发生，而且遍及整个欧洲、非洲和中东地区。尽管安全形势如此严峻，但英国并没有立即放弃干涉他国内政的做法，反而在2011年利比亚内战期间参与了北约主导的军事干预行

44

动,推翻了长期统治利比亚的最高领导人穆阿迈尔·卡扎菲(Muammar Gaddaf)。不过,到了 2013 年,情况发生了重大变化——时任英国首相的戴维·卡梅伦(David Cameron)提议出兵干涉叙利亚内战,却遭到了下议院的否决。究其原因,是因为军事行动付出了巨大的人力、物力与道义代价,换来的却是难以预料的结果。总而言之,在后冷战时代,建立自由世界新秩序的希望早已幻灭。

欧洲怀疑论带来的挑战

英国出兵干预阿富汗和伊拉克的行为,实际上起到了适得其反的效果,使其在全世界的角色定位受到了质疑。实际上,英国在"欧洲一体化进程"中的地位同样如此,也日益成为人们争论的焦点。在经历了撒切尔夫人和梅杰执政时期的紧张局势后,托尼·布莱尔领导的工党政府虽然渴望缓和并增进同欧洲的关系,但尚未准备好加入欧盟于 1999 年推出的欧洲单一货币体系(即欧元体系),因此仍然游离于欧洲一体化核心进程之外。这种积极而务实的态度不仅对政治中间派具有一定的吸引力,同时也能够防止英国独立党(United Kingdom Independence Party,UKIP,前身是成立于 1993 年的反联邦党[the Anti-Federalist League])等反欧盟激进组织乘机夺势。保守党发起了"拯救英镑"(save the pound)运动,试图以此赢得选民的支持,但同样收效甚微。不过,21 世纪出现了两大浪潮,为欧洲怀疑论的生长提供了肥沃的土壤。2004 年,欧盟接纳 10 个中东欧国家为其成员国。面对由此带来的劳动力自由流动,工党政府并没有制定任何限制劳工入境的临时性政策。因为布莱尔是全球化的坚定支持者,认为外来劳工"不会削弱英国国力,反而会使其更强大"。自 2004 年起的五年时间里,约有 80 万人从新加入欧盟的十国涌入英国,完全超出了英国的预期,对此,一部分人趁机叫嚣,宣称东欧人"抢走了"英国的工作,给当地社会带来了前所未有的压力。"我要是能在开放移民政策和让英国脱欧之间找到某种关联,"英国独立党领袖奈杰尔·法拉奇(Nigel Farage)回忆说,"就等于找到了制胜的法宝。这也是我自 2004 年以来

45

46

一直坚持的论调。"①

2007 至 2008 年间,金融危机导致英国经济衰退,进一步加剧了英国社会的焦虑情绪。由于生活水平停滞不前,加之中央政府推行紧缩政策,削减各地政府预算,降低了福利水平,越来越多人倾向于将当下各种社会经济问题同移民现象及欧盟错误决策造成的压力联系起来。这也是英国长期以来在是否加入"欧洲一体化进程"问题上举棋不定的根源所在。政界与文化界很少有名人出面为加入欧盟撑腰,更不用说提出什么建设性的方案,所以欧洲怀疑论的呼声才越来越有市场,轻而易举地就俘获了大批支持者。有了这样的选民基础,英国独立党的势力日渐壮大,时任英国首相的戴维·卡梅伦对此倍感担忧,同时也想安抚保守党内部的右翼分子,于是在 2013 年承诺工党政府将重新考虑英国留在欧盟的条件并会就此问题发起公投。所以,当保守党出人意料地在 2015 年大选中赢得绝对多数席位时,一场公投大戏就此拉开帷幕。

47   2016 年 6 月,"脱欧运动"以 51.9% 比 48.1% 的选票优势获胜,不仅震惊了威斯敏斯特的政治精英(各大政党都支持英国"留欧"),也令整个欧洲惊愕不已。这场公投的结果表明,英国社会已经发生分裂,年轻人、受过高等教育的群体以及富人阶层大多支持"留欧",其中"留欧"意愿最强烈的地区分别是伦敦、苏格兰和北爱尔兰。正如地理学家丹尼·多林(Danny Dorling)所指出的那样,从数值比例上看,支持"脱欧"之人大多居住在南英格兰,并且其中 50% 属于中产阶层。可见,这场"民意骚动"有着广泛的群众基础,表达的诉求也是多种多样,并不只是"帝国遗老遗少"在表达不满。② 最终调查结果显示,相当一部分英国民众认为,加入欧盟并没有给他们的生活带来什么变化。这部分人相信,英国凭借自身的力量,能够在世界上取得更大的成功。虽说这种

---

①   Nigel Farage,引自 Harry Lambert, 'The Strange Death of Labour Britain', *New Statesman*, 3 – 9 September 2021, p. 28。

②   Danny Dorling and Sally Tomlinson, *Rule Britannia: Brexit and the End of Empire* (London: Biteback Publishing, 2019), p. 28.

观点不一定是在缅怀英国昔日荣光(但多数情况下具有这样的情感色彩),不过的确折射出当时普遍存在的一种心态——英国有着辉煌的历史,势力范围曾遍及全球,如今理应摆脱欧洲的束缚自行其是,英国本身也具备这样的实力。具有讽刺意味的是,直到公投结束后,"留欧派"才如梦初醒,认识到该为"留欧"做些什么,于是行动起来,试图阻止英国脱欧并再次发起公投,但一切为时已晚,"脱欧"已成民心所向——2019 年,"脱欧派"领袖鲍里斯·约翰逊(Boris Johnson)赢得大选,就任英国首相,并在不久后签署了一项脱欧协议。2020 年 1 月 31 日,英国正式脱欧。

　　在英国脱欧进程末期,约翰逊提出了"全球英国"(Global Britain)理念,与丘吉尔的"三环外交"遥相呼应。其实,英国是想分别从三个"环"中同时取得自己最想要的东西,从而实现利益的最大化:同美国建立英美"特殊关系";从联结英联邦内外的全球贸易中获利;与邻近的欧洲市场形成广泛的互动。2021 年 9 月,英国、美国和澳大利亚签署"奥库斯"(AUKUS)安全协定,标志着英国的未来战略转向了欧盟以外的地域。不过,约翰逊相信,英国可以做到"鱼和熊掌兼得"——他曾发表过一句著名的言论,将自己的"蛋糕政策"阐释为"既能保全蛋糕,又能享受到蛋糕的美味"(译者注:此句改编自英国的一句古语 You can't have your cake and eat it,意思等同于中国的古语"鱼与熊掌不可兼得")。这种观点带有几分"例外主义"(1945 年及更早时期以来的英国决策大多具有该主义的色彩)的味道,不像是一种逻辑清晰的未来愿景,即不愿意接受英国在行动上可以实现的目标(译者注:"例外主义"认为本国文化与他国不同并优于其他国家)。英国预算责任办公室(the Office for Budget Responsibility)在 2021 年 10 月预测脱欧将可能导致英国未来 GDP 减少 4%。对此,批评家认为,减少的原因正是"蛋糕"变小了。此时,距离艾奇逊批判"英国试图找准角色定位"已过去了五十年,但英国在这条道路上究竟走出了多远,我们尚不得而知。

48

第二章　追求经济增长

　　过去一个多世纪的时间里,英国在全球范围内取得了令人瞩目的经济成就。不过,到了 1945 年,这样的繁荣局面似乎走到了尽头。首先,巨额的债务迫使英国政府将战时的配给制与紧缩措施延续至和平时期,以保证国家财政收支平稳。其次,两次世界大战期间,维持战争机器的运转耗资靡费,甚至需要英国政府出售不计其数的海外资产。另外,战争带来的伤亡与损失也极为惊人,仅闪电战期间的狂轰滥炸就造成了六万平民遇难,而且摧毁了各类基础设施、住房和商业场所,留下了众多满目疮痍的城市等待大规模的修缮与重建。再次,在 19 世纪支撑起英国繁荣局面的出口行业,如纺织、采矿、钢铁、造船,如今都在艰难地应对更为激烈的竞争,而它们的对手往往是携带更为先进的机器和更为精简的工艺流程有备而来。最后,在英国的许多地区,特别是英格兰北部、苏格兰中部、南威尔士和北爱尔兰,两次世界大战之间的经济危机给当地民众留下了巨大的精神创伤,令他们深陷大规模失业的痛苦记忆之中无法自拔,内心极度渴望能过上安稳的生活。正因如此,克莱门特·艾德礼(Clement Attlee)领导的工党才找到了争取民众支持的绝佳机会,于 1945 年上台执政。自此,英国躺在过去的功劳簿上吃老本的时代一去不复返,疾风骤雨式的变革已是山雨欲来。

　　"让我们直面未来"(Let us Face the Future)是工党提出的响亮口

号。这个大胆的宣言散发出自信的光芒,表明该党在恢复和重振经济方面既有远见卓识也有切实可行的方法,而重建经济的关键所在,就是要把英国改造成为一个积极奉行干涉主义的国家。其实,早在二战结束前的几十年里,约翰·梅纳德·凯恩斯(John Maynard Keynes)等人就已提出了国家计划与经济管理理念,但直到英国取得战争的胜利,这些理论的合理性才得到印证——将关键产业收归国有,可以提升组织与协作效率。与此同时,政府可以运用财政杠杆(如利率和税收)刺激或抑制经济需求,将就业率维持在一定水平。最后,政府还需拿出前所未有的决心,明确地肩负起促进经济增长与繁荣的重任,同时将发展经济作为提升政治竞争力的核心手段,以此拉高选民的期望。在二战结束后的二十五年时间里,上述理论设想大多得到了实现,至少对英国普通民众来说,他们经历了实际工资收入的大幅增长,可以购买琳琅满目的消费品,工作机遇也能够得到保障。不过,这种繁荣局面的出现,很大程度上归功于有利的全球大环境,以及专业的治理水平。从 20 世纪70 年代开始,随着全球经济进入动荡期,政客、经济学家和企业家对凯恩斯主义及国家计划理念的质疑声越来越大。这一时期,重工业部门市场竞争力下降,零售业与服务业崛起,信息技术领域发生重大变革,继而引发长期的经济结构重组。面对这样的深层次变局,任何一届政府恐怕都难以找到有效的应对策略,在"直面未来"时自然也没有 1945年的那般底气,更难以直接提出"现代化"的口号。

　　历史遗留问题严重地束缚了英国经济的发展:工业化要求生产活动必须集中在一定地理区域内;帝国殖民统治留下了畸形的贸易关系(如建立在奴隶制上的贸易利润);旧式法律与文化框架主导着企业管理模式与劳资关系;伦敦中央政府牢牢地把持着政治、金融与行政大权。所以,当 20 世纪 70 年代的经济危机来袭时,各派政客也习惯性地从过去汲取灵感,以阐释和论证他们的经济战略。比如,在撒切尔夫人看来,"让国家回退"(rolling back the state)可使英国重新焕发维多利亚时代的活力;而在欧洲怀疑论者看来,"脱欧"有助于英国局部重建曾在历史上支撑起大英帝国的全球贸易网络。从 20 世纪 80 年代开始,

51

右翼经济政策大行其道,却没有将英国打造成工党宣扬要在本世纪中叶建成的"新耶路撒冷"(New Jerusalem),反而使贫富差距与社会财富分配不均现象愈发明显,经济状况越来越接近爱德华时期。截至 20 世纪末,过去对英国未来发展的桎梏愈发明显,甚至误入危险的歧途:工业经济全然不顾长远的发展,耗尽了化石燃料,导致生态环境退化;全球化浪潮使物资丰富起来,于是各类广告便开始鼓吹消费主义和浪费文化,殊不知在气候变化的反噬下,这种做法只不过是想及时行乐。到了 21 世纪 20 年代初,随着"绿色新政"(Green New Deal)在英国政界引发广泛讨论,加之人工智能等新技术的运用,彻底重塑经济结构的曙光终于浮现在英国面前。(译者注:"绿色新政"是美国为试图解决全球变暖和贫富差距等问题而提出的一系列立法方案。2008 年 10 月 22 日,联合国环境署执行主任阿齐姆·施泰纳发布了一项"全球绿色新政"倡议,旨在为"绿色"产业创造就业机会,从而促进世界经济发展,同时遏制气候变化。)

规划、国家与现代经济

1945 年,工党在竞选宣言中大声疾呼:"这个国家急需一场改天换地的变革,需要一项为现代化和生产力变革量身定制的宏大计划。"想要实现此目标,"只能通过两种途径:一是制定激进的政策,重新规划国家发展;二是持续运用有效手段牢牢地掌控生产全局"。[①] 在这场大选中,工党出人意料地赢得了议会大多数席位,由此产生的艾德礼政府得以有机会施展宣言中的"激进政策",开启了英国历史上最为激烈的经济改革。作为英国经济的核心部门,拥有 80 万劳动力的煤炭产业首当其冲,于 1947 年 1 月 1 日被工党政府收归国有。为了纪念这一历史性时刻,英国举办了隆重的移交仪式。时任首相的克莱门特·艾德礼在飘扬的米字旗下骄傲地宣布:"这是我国工业史上值得铭记的

[①] Labour Party, 'Let us Face the Future: A Declaration of Labour Policy for the Consideration of the Nation', in F. W. S. Craig (ed.), *British General Election Manifestos 1900 -1974* (London: Macmillan, 1975), pp. 123 - 31.

一天。"①除煤炭行业外,一系列关系国计民生的战略性行业也都被纳入国家的控制之中,特别是运输业(铁路、公路和民航)、电力和通信业(电缆无线电、电力煤气)以及最具争议的钢铁制造业。在金融行业,英国政府掌握了英格兰银行(Bank of England)的所有权,获得了该行总裁与董事的任命权。而在中央政府无法直接控制的区域,取而代之的是新的干预、规划与监管形式。1947 年实施的《城乡规划法》(Town and Country Planning Act)赋予地方当局广泛的权力,允许其对土地的使用作出审批,并对可能劳民伤财的旧城改造与公共住房建设工程实施监管,同时建造绿化带,以遏制城市的过度扩张。与此同时,政府还采取措施优化人口布局,如新建城镇以缓解大城市过度拥挤的压力。到了 20 世纪 60 年代,布拉克内尔(Bracknell)、克劳利(Crawley)、赫默尔-亨普斯特德新城(Hemel Hempstead)、斯蒂夫尼奇镇(Stevenage)、坎伯诺尔德市(Cumbernauld)与东基尔布赖德(East Kilbride)等地从此类政策中受益,得到了重新开发。农村地区同样发生了翻天覆地的变化。1947 年的《农业法案》(Agriculture Act)引入了一整套拨款、补贴与保价制度,目的是刺激英国国内粮食生产;各郡农业执行委员会(County Agricultural Executive Committees)也积极倡导整合农场经营权,以提升农业生产效率。需要强调的是,就在中央权力全面渗透进各个领域的同时,食物、燃料与消费品配给制并没有被废弃,反而在1946 至 1948 年间因面包限购令的实施而变得更为严苛。至此,英国的"生产全局"已经似乎牢牢地掌握在政府手中。

上述各项改革全部建立在一种广泛的共识之上——工党内部,以及工党外部普遍存在的进步舆论认为,国家凭借专业的知识、完备的信息和强大的协调能力,可以更加高效、更有策略地管理、指导与整合国民经济,从而推动英国各地走向繁荣。正如历史学家大卫·艾杰顿所言,这一阶段出现了一个"正在发育的国家",它动用关税保护与外汇管

① Clement Attlee, 'A Message from the Prime Minister', 1 January 1947, https://www. nationalarchives. gov. uk/education/resources/attlees-britain/nationalisation-coal/.

制等手段,开创了一种特征鲜明的国民经济,力争在一切可行的领域争取自给自足。[①] 不过,英国虽然仍对全球贸易网络(特别是殖民时代遗留的贸易体系,以及同英联邦诸国的商旅往来)存有一定的依赖,但是维多利亚时代末期及爱德华时期的开放与自由放任姿态早已消失不见。从自由放任到国家干预,此过程曲折而漫长,其中的重大转折点是:保守党在 1951 年大选后重新掌权,继承了工党"激进政策"的主体框架。虽然该党在钢铁行业推行"私有化"政策,同时出售部分公路运输部门资产,并且通过结束配给制(此事发生在 1954 年)谋得了政治资本,但从总体上看,保守党还是接纳了英国政府扮演的新角色——管理经济,促进经济增长,保障就业率处于高位。纵观 20 世纪 50 年代末60 年代初,保守党虽然主张反对国有化进一步扩大,但实际还是倾向于在国民经济中保留相当一部分的国营成分。哈罗德·麦克米伦在1957 至 1963 年担任英国首相期间,力挺计划经济政策。为了强化中央经济指导机构,此人于 1962 年支持保守党创立全国经济发展委员会(the National Economic Development Council, NEDC,有时被亲切地称作"奈迪"[Neddy])和国家收入委员会(the National Incomes Commission, NIC,有时被亲切地称作"奈基"[Nicky])。其中,"奈迪"负责召集政府、企业与工会代表,以商榷最新的经济情报和研判国家经济战略,充分体现了工党政府的执政理念——政府需同工会及商界领袖共同制定政策,此举具有重要的意义。"奈基"则负责评估拟议的薪资方案(此方案被视为政府抑制通胀的有效手段)。到了 1964 年,哈罗德·威尔逊就任英国首相,其领导的工党政府新建了经济事务部(Department of Economic Affairs)以监管"国家计划",同时用国家价格与收入委员会(National Board for Prices and Incomes)取代了"奈基"。可见,虽然政府机构和国之大计可能会随着不同党派的轮流执政而改弦更张,但有一项广泛的共识始终不会改变——当今世界需要积极奉行干涉主义的国家。

---

① Edgerton, *The Rise and Fall*.

　　那么,上述种种措施取得了实效吗? 这是一个非常复杂且极具争议的问题,甚至会产生不可估量的政治后果,将直接影响到当下对英国角色定位的讨论。如果从 20 世纪 50 至 60 年代英国民众人均收入的角度思考这个问题,得到的将会是肯定的答案:首先,虽然配给制在这一时期仍未被废除,但英国的经济成功地避开了一战造成的经济失衡。在 30 年代末重整军备期间承受巨大压力的重工业重新焕发生机,迎来了一段复苏期。20 世纪 30 年代末的大规模失业潮也没有重新出现,失业率始终维持在 2% 至 3% 的历史低点以下,直到 60 年代末期才有所上升。人们普遍认为,如果一名工人在周五失业,那么他在一周内便有望找到新的工作。1950 至 1975 年间,英国的经济增速持续维持在史上最高水平,国民生产总值实际翻了一番。高增长率不仅显著地提升了平均实际工资水平,而且在配给制于 20 世纪 50 年代中期被废止后,引发了消费支出的激增:新型电视、半导体收音机、冰箱与洗衣机改变了千家万户的生活,小汽车也进入了寻常百姓家。与此同时,年轻人的消费能力得到空前提升,刺激流行音乐产业、服装零售业和咖啡馆行业迅猛发展。1957 年 7 月,保守党在贝德福德(Bedford)举行政治集会。会上,首相哈罗德·威尔逊抓住举国上下蔓延的乐观情绪,公开发表了一段著名的言论:"对于我们的人民来说,他们中六多数人从来没有享受过如此幸福的生活。到全国各地去看看吧,"他接着说道,"去工业城镇走一圈,去农场转一转,你就会看到一片繁荣的景象。这样的盛世局面,不仅我这辈子没见过,而且在整个英国历史上也极为罕见。"[1]在经济转型的影响下,政治格局似乎也发生了翻天覆地的变化。哈罗德·威尔逊领导的保守党毫不客气地将经济发展的功劳归到自己头上,以压倒性优势赢得了 1959 年的大选。反观工党,不仅连续输掉了三场选举,而且还面临着富裕且有政治抱负的工人阶级选民转而支持保守党的危险。对此,部分评论员开始怀疑工党日后是否还有实力

56

57

----

　　[1]　Andrew Burnet (ed.), *Chambers Book of Speeches* (Edinburgh: Chambers, 2006), p. 608.

翻盘掌权。

然而，当我们将英国的情况置于更大的国际背景下时，便会看到另外一番景象。战后经济扩张其实是一个全球性现象，并且英国的增长率显著低于同时期的其他竞争者，甚至不如战败国日本与德国。英国极力将国际收支差额(指一国货币的流入与流出之间的差额)维持在正值，却给英镑的保值带来了巨大的压力，迫使政府只能定期通过提高利率或税收手段限制国内支出(此举深受批评家诟病，被讥讽为"走走停停"的经济政策)。导致国家财政吃紧的另一个原因是，英国在和平时期仍然维持着高额的军费支出：1950 年，国防开支占政府总支出的23％,1960 年增至 24％,1970 年有所下降，但仍达到了 17％;放眼全世界，高于此水平的也只有美国一家。[1] 但是，捍卫大国地位并非易事，英国为此付出了高昂的代价，受到的拖累也远甚于欧洲老牌强国。例如,1956 年，英国面向英联邦诸国的出口额仍占英国总出口额的四分之三，表明英国各大公司均未能从欣欣向荣的国际市场中分得一杯羹。面对越来越多的英联邦贸易伙伴转向美国与亚洲，以及去殖民化浪潮卷走了大量海外资产，英国方才意识到自己已被排斥在新兴的欧洲共同市场之外。于是，在 1967 年 11 月，哈罗德·威尔逊的工党政府被迫宣布英镑贬值 14％,以减轻英镑承受的巨大压力。虽然哈罗德·威尔逊一再安慰公众"这并不代表你兜里或者账户里的英镑已经贬值了"，但也无法掩盖英国经济面临巨大困难的事实。[2]

其实，英镑贬值也是英国制造业出口市场份额被蚕食的外在体现，同时还反映出英国逐渐丧失了相较于其他主要竞争对手的生产效率优势。早在 1950 年的时候，英国还是一个工业强国，其产值占世界制造业出口的将近四分之一。同样在这一年，约有 40％的英国工人从事制造业，并且他们的生产效率显著高于德法两国的同行。与此同时，英国生产的汽车数量也多于欧洲的任何国家。但是，在此后二十年的时间

58

---

[1] Sandbrook, *Never Had It So Good*, p. 80.

[2] 哈罗德·威尔逊 1967 年 11 月 19 日的电视讲话，见 https://commonslibrary.parliament. uk/pound-in-your-pock et-devaluation-50-years-on/。

里,英国的出口市场份额以惊人的速度持续下滑,其他国家的生产效率不仅后来居上,甚至还有所超越。① 截至 20 世纪 70 年代初,部分人士对英国家道中落的担忧愈演愈烈,甚至达到了几近恐慌的程度。为了找到问题的根源与罪魁祸首,他们将矛头指向了多个方面。一部分人认为,中央政府的嫌疑最大,指责其被眼前的政治考量分散了注意力,同时因为缺少专业知识而举棋不定,最终制定出徒劳无益的经济计划,试图在势不可挡的市场力量面前以卵投石。另一部分人则将经济的衰退归咎于工会,指出了该组织存在的三大问题:过分追求利益,蓄意阻挠制造业发展;管理层盲目自大且逃避责任;轻视职业技术教育,导致英国劳动力无法得到充分有效的培训,技能水平长期止步不前。

　　以上指责虽然有理有据,但在很多方面,"衰落论"不过是英国例外论的另一产物。"衰落论"认为,英国作为曾经的工业先驱与经济大国,理应保住自己的地位。(类似的思想在体育领域也有所体现,譬如,每当英格兰球队在重大赛事上发挥失常时,国内的球迷便会相互指责。)但这不过是一厢情愿,在多股不可阻挡的时代浪潮面前,英国已难以在全球制造业出口中占据昔日的高市场份额,也无法继续在生产效率方面维持显著优势。首先,工业化起步晚于英国的国家往往具备后发优势,可以从技术进步与工业化进程的持续推进中获得红利。英国的竞争对手,如德国和日本,虽然因二战遭遇毁灭性打击,经济发展一度中断,但在战后投入巨资进行基础设施建设,同时制定配套的产业重振计划,最终能够后来居上,在工业设施水平与生产效率方面反超英国。其次,亚洲、拉丁美洲和非洲经济的蓬勃发展,特别是中国台湾、韩国、新加坡和印度的出口导向型制造业兴起,国际市场的竞争日趋激烈,包括英国在内的高薪资国家通常会在某些领域失去竞争优势。虽说时代的洪流浩浩荡荡,但有些衰败其实本可以避免,汽车行业就是很好的例子。该行业急剧萧条的原因与时代无关,而是因为管理无效、劳资关系失调以及对机械、信息技术和培训的投资不足。正如大卫·艾杰顿所

59

60

---

① 　https://commonslibrary. parliament. uk/pound-in-your-pocket-devaluation-50-years-on/.

言,尽管国内的批评声铺天盖地,有的指责英国的文化与教育本身具有反工业化的属性,有的控诉政治精英滥竽充数,有的批判英国缺少创新精神,但在某些领域,这些说法却与事实不符。比如,各类军事与科学机构的实力就未曾衰减,制药与军工等部门更是成就不断(20世纪60年代,英国向沙特阿拉伯出售"闪电"[Lightning]喷气式战斗机,预示着军工行业不仅将在日后成为英国经济的重要支柱,同时也会引发不小的争议)。[1] 总而言之,滥觞于20世纪70年代的"衰落论"放在今日已经不起推敲,但在当时很多人看来却极具说服力,在一系列事件中发挥着举足轻重的作用,间接促成了撒切尔夫人的得势与英国经济结构的调整。

20 世纪 70 年代能源危机

到了20世纪70年代,对英国衰退的担忧仍在继续,并且与另外两股动荡的思潮交织在一起,甚至加剧了后者的威力。第一种思潮认为,凯恩斯主义的"需求管理理论"(demand management techniques)自1945年诞生以来风光无限,但目前的效力却大不如从前,至少无法根治英国经济的顽疾。尽管控制失业率一直以来都是英国战后经济政策的核心,但登记在册的失业人数依旧在20世纪60年代攀升至50万人以上,并且在此后持续走高,最终在1972年1月达到了具有标志性意义的100万人。许多在战争期间及战后重新焕发活力的工业部门,如煤炭、造船和纺织,均陷入螺旋式衰退。例如,1955至1975年间,英国的煤矿数量从850个减少至241个,相应的劳动力人数也从将近70万人锐减至25万人左右。[2] 泰恩河(Tyne)、威尔河(Wear)、克莱德河(Clyde)和默西河(Mersey)沿岸的许多大型造船厂纷纷关闭或大幅削减产能。与此同时,通货膨胀也成了一个日益严重的问题:1970年的通胀率超过了6%,并呈现继续上升趋势。在上述多重因素的作用下,

---

[1] Edgerton, *The Rise and Fall*, p. 347.

[2] Chris Cook and John Stevenson, *Britain since 1945* (Longman: Harlow, 1996), p. 167.

许多行业的劳资关系日益紧张,多地爆发罢工,其中最引人注目的是1972年1月的矿工大罢工,此事件的缘起正是当时物价持续上涨和矿场纷纷关闭,全国矿工联盟(National Union of Mineworkers,NUM)决定捍卫工人的薪资水平。

在学术领域,反对凯恩斯主义势力开始反扑。在此之前,质疑凯恩斯主义的声音其实一直存在,认为过度强势的政府往往会扭曲和抑制经济发展,其中的代表人物是奥地利裔英国经济学家弗里德里希·哈耶克(Friedrich Hayek)。早在国家主导的重建计划处于酝酿阶段时,哈耶克就在1994年出版的《通往奴役之路》(*The Road to Serfdom*)中提出了反对观点。但直到20世纪70年代,反凯恩斯主义的影响力才进一步扩大。芝加哥经济学派(Chicago school,该学派深受哈耶克影响)先锋人物米尔顿·弗里德曼(Milton Friedman)提出了货币主义观点,主张严格控制货币供应、放松管制和实施私有化,这一观点逐渐受到越来越多的关注,其中包括保守党右翼。1974年,哈耶克获得了诺贝尔经济学奖,标志着学术界的主流思潮已偏离凯恩斯主义;两年后,弗里德曼也获得了诺贝尔经济学奖。

全球经济动荡极大地推动了学术思想的嬗变。20世纪70年代初,支撑战后繁荣局面的经济根基开始动摇。1971年8月,美国宣布美元与黄金脱钩,标志着自1944年以来布雷顿森林协定(the Bretton Woods Agreement)构筑的国际货币管理体系(目的是防止20世纪30年代的经济大危机重现)彻底瓦解,致使国际形势更趋动荡。而就在同一时期,第四次中东战争于1973年10月爆发,引发了一场重大危机。为了向以色列及其西方盟友施压,石油输出国组织(the Organization of Petroleum Exporting Countries,OPEC)中断了石油供给,对美国实施石油禁运,导致油价翻了两倍,引发震荡全球的通货膨胀,动摇了对石油依赖日深的西方经济。各地股市纷纷崩盘,全球经济陷入二战以来的首次严重衰退。

长期经济衰退引发担忧、凯恩斯主义失去信众以及全球经济下行,这三股能量交织在一起,在20世纪70年代中期引发了一场深刻的危

62

63

机,进而为 20 世纪 80 年代的重大政策变化埋下了伏笔。飙升的油价巩固了矿工的地位,使其能够继续举行罢工,同任何企图抑制工资增长的行径作坚决的斗争。爱德华·希思领导的保守党政府宣布国家进入紧急状态,实行每周三天工作制,并且在 1974 年 2 月举行大选。希思提出的竞选口号是"谁主宰英国?"(Who Governs Britain?)。他认为,政府在努力控制飙升的通胀率和下降的产能时,不应被工会开出的高价牵着鼻子走。但现实总是事与愿违,本就糟糕的经济数据,再加上停电停工对日常生活造成的干扰,致使希思的威信严重受损。最终,工党以微弱的优势获胜,赢得了 301 个席位,仅仅比保守党多出 4 个席位。威尔逊再次掌权,同时承诺改善同工会的关系。

在政府的努力下,矿工罢工问题最终得以解决,每周三天工作制也被废止,但英国面临的更深层次经济问题仍旧无解。1975 年 8 月,通货膨胀率达到了惊人的 27%,失业人数再次增加,在 1976 年 1 月攀升至 100 万以上。财政赤字如脱缰的野马,呈螺旋上升态势,疯狂的货币投机活动导致英镑汇率大跌,于 1976 年 3 月首次跌至 2 美元以下。自二战以来屡试不爽的政策杠杆似乎已经失灵,亟须政府出台更为强硬的措施。但就在这个时候,威尔逊因身体状况不佳宣布辞职,詹姆斯·卡拉汉(James Callaghan)当选为工党党魁并接任英国首相。虽说卡拉汉是一位经验丰富的政治家,曾担任过财政大臣、内政大臣和外交大臣等要职,但摆在他面前的任务十分艰巨。

1976 年 9 月,卡拉汉首次以党魁身份在工党动员大会上发表讲话。他在讲话中承认,英国正面临着"二战以来最为严重的危机","与我们的主要竞争对手相比,在将近一代人的时间里,英国的工业基础持续萎缩,经济水平逐步下滑"。在他看来,这个国家靠着"吃老本换来的时间、借来的资金和舶来的思想"残喘了太长时间,以致将"英国社会与经济早就该面临的重大抉择与深刻变革"推迟了太久。紧接着,他郑重地指出,传统的凯恩斯主义手段远远不够应对当前困境,他领导的政府将探索不同的政策:

放在过去,我们认为花钱就可以摆脱经济衰退,减税和增加财
政支出便能提高就业率。但现在,我可以明确地告诉你,这些做法
早已不合时宜。即使它们曾经起过作用,也只不过是在用饮鸩止
渴的方式解决战后发生的几次衰退——先刺激经济发生甚于以往
的通胀,再助推失业率飙升至史无前例的水平。[1]

第二天,丹尼士·希利(Denis Healey)宣布,他将同国际货币基金
组织(IMF)洽谈一笔数额可观的贷款,用以稳定政府财政。双方达成
的条件是:英国想要获得这笔 39 亿美元的贷款,就必须大幅削减公共
开支,同时出售政府在英国石油公司(British Petroleum, BP)中的股
份。此次贷款同样成为英国衰落的重要标志:昔日不可一世的经济大
国早已"破产",如今只能"卑躬屈膝"地走进国际市场。

回望历史,1976 年的危机似乎并没有当初看起来那么严重。财政
部后续修正的数据显示,当年的财政赤字也没有想象的那样可怕,所以
英国政府很快偿清了贷款。与此同时,通货膨胀率也开始下降,1977
年的经济增长率达到了可喜的 2.5%。[2] 更具深远意义的转折发生在
能源领域,主要体现在英国正逐渐改变自己的能源地位。20 世纪 60
年代末,英国在北海发现了石油。从 1975 年开始,海底的石油便被开
采上岸,而彼时恰逢国际油价飙升之际。截至 20 世纪 80 年代,英国摇
身一变,成了石油净出口国,国家财政也从石油收入中直接受益:1984
至 1985 年间,石油与天然气带来的税收在政府各项收益中的占比始终
保持在 7% 以上。[3]

但是,当时的人们并没有看到英国的这些变化。相反,卡拉汉政府
通过压低工资控制通胀的铁腕手段却引发了严重的劳资纠纷。1978

---

[1]　卡拉汉 1976 年 9 月 28 日在工党动员大会上的讲话,见 http://www.britishpoliticalspeech.
org/speech-archive.htm? speech=174。

[2]　Andrew Hindmoor, *Twelve Days That Made Modern Britain* (Oxford: Oxford
University Press, 2019), pp. 26 - 7.

[3]　Edgerton, *The Rise and Fall*, p. 297.

与 1979 年之交的冬季,不满情绪在英国各地蔓延,一家别有用心的报社趁机大做文章,将这一时期称为"不满之冬"(Winter of Discontent)。罢工活动最早发生在福特工人与卡车司机内部,后来蔓延至公共部门,导致 70 年代中期终日混乱不堪的局面卷土重来,然后被倒向保守党的花边小报无限放大。1975 年,撒切尔夫人接替爱德华·希思成为保守党党魁后,果断地接受了学界对凯恩斯主义的批评,同时明确表示将带领英国经济走上一条新的道路。经历了整整十年的动荡之后,相当一部分民众愿意尝试撒切尔夫人开出的新处方。正因如此,在 1979 年 5 月的大选中,撒切尔夫人能够以多出 43 个席位的绝对优势赢得选举,当选为英国首相。1976 年的危机只不过重塑了战后经济政策的框架,而从撒切尔夫人掌权这一刻开始,这套框架遭到了全盘否定,被彻底地丢弃在历史的垃圾堆中。

撒切尔主义

撒切尔夫人代表了当时英国的经济愿景——"缩小国家职能边界",激发创业精神,积极发展个人财产所有制,削减工会权力,通过控制货币供应抑制通货膨胀。这种想法虽然被贴上了多重标签,如新自由主义(neoliberalism)、货币主义(monetarism)、新右翼(the new right)和撒切尔主义(Thatcherism),但其并非某种单一的、静止的思想,而是在权力的运用过程中得到灵活的阐释。撒切尔夫人核心圈子中的许多成员,如她在 20 世纪 70 年代的关键盟友基思·约瑟夫(Keith Joseph),以及英国智库政策研究中心(Centre for Policy Studies)创始人艾尔弗雷德·谢尔曼(Alfred Sherman),均深受芝加哥学派经济学家哈耶克与弗里德曼等人作品的影响。但是对撒切尔夫人等人来说,把握新政策的动向,远不止坚守一套抽象的理论那么简单,而是要构建能够自圆其说的话语体系,把英国昔日的辉煌同当代价值观(重视个性发展,宣扬独立自主与自力更生)联结起来,同时结合国家层面的种种干预主义行径,以及工会与地方当局等集体组织的利己行为,说明集体主义如何打压当代价值观念,进而对英国近年来的衰落作出合理解释。撒切尔夫人有时会赞美"维多利亚时代的价值观",有时则会谈到父亲工作态度对她产生的影响(可以追溯至 20 世纪 30 年代,当时她的父亲是格兰瑟姆[Grantham]的一个小店主);她既推崇"清教徒式的职业美德",也会杂糅"传统基督教义"以及普通家庭妇女的智慧。正如历史学家拉斐尔·萨缪尔(Raphael Samuel)所言:"她把自己塑造成一名信念坚定的政治家,在他人信仰发生动摇的时候,依然坚守传统的价值观。"[①]通过这种方式,撒切尔夫人将复杂的、往往极具争议性的经济政策转化为常识性语言,并将其牢牢地置于英国历史发展的主流之中。但要是小心翼翼地扒开这些政策的外衣,便会发现它们早已与过去一刀两断。

　　撒切尔政府最初关注的焦点是抑制通胀、改革税收制度、出台新激励措施保障财产所有权和鼓励创业。与此同时,货币主义政策被纳入"中期经济战略"(Medium-Term Economic Strategy)并得以实施,此举旨在更加严格地控制货币供给,从而保证抑制通胀的优先级高于控制失业率。在制定 1979 年的财政预算时,撒切尔政府将个人所得税(income tax)的最高税率从 83% 下调至 60%,将基本税率从 33% 下调至 30%,同时将增值税(VAT)从 8% 上调至 15%。当时的观点认为,政府应当鼓励高收入群体自主创业,这样有助于改善整体经济环境。与此同时,政府取消了对货币兑换的管制,并且放松了对银行贷款的限制,金融业因此从中受益。1980 年颁布的《住房法案》(Housing Act)规定,公营房屋的住户在租住满三年后,有权以市场价三分之一至二分之一的折扣购买所住的房屋。房屋所有权是撒切尔主义的核心,投资房产则被视为激发个体责任感和维持家庭和睦的有效手段,甚至被赋予唤醒消费主义意识进而刺激大众资本主义发展的使命。倘若此目标能够顺利实现,保守党的民众支持率将会得到进一步提升。数据显示,在 20 世纪 80 年代,地方住房管理机构的可支配资金锐减,但在自

68

69

---

　　① Raphael Samuel, 'Mrs Thatcher and Victorian Values', in *Theatres of Memory*, *Volume II. Island Stories: Unravelling Britain* (London: Verso, 1998), p.332.

1979 年起的十年间，随着房价的上涨，房屋贷款的税收减免额却从 160 万英镑增长至 550 万英镑。[1] 总而言之，以上所有政策的初衷均指向同一个目标：为资金充裕者、有一技之长者以及时运亨通者创造更多的机遇，同时鼓励其他人付诸努力，迎头赶上。

上述政策颁行之际，恰逢经济动荡重创工业与制造部门之时。1979 年，伊朗革命（the Iranian Revolution of 1979）爆发，导致石油价格飙升，继而破坏了全球市场的稳定。在此背景下，撒切尔政府的货币政策坚持鼓励英镑汇率升值，致使英国出口产品的价格上涨，国际竞争力下降。随之而来的，是工业部门的严重萎缩。可以说，英国经历了自 20 世纪 30 年代以来最为严重的经济衰退：仅 1979 至 1981 年间，制造产值下降了 14%，约 100 万制造业岗位因此流失[2]，炼钢厂、码头、造船厂纷纷关闭，谢菲尔德、利物浦、斯旺西、贝尔法斯特（Belfast）与格拉斯哥等工业城市首当其冲。放眼这一时期的英国各地，城市贫困人口激增，失业率居高不下，种族主义盛行，治安环境恶化。在种种不利因素的合力作用下，伦敦的布里克斯顿区（Brixton）、利物浦的托克赛斯区（Toxteth）、伯明翰（Birmingham）的汉兹沃思区（Handsworth）以及曼彻斯特的莫斯赛德区（Moss Side）爆发骚乱。纵使形势艰难，面对保守党内部众多元老的质疑，撒切尔政府仍选择一往无前。正如撒切尔夫人在 1980 年 11 月召开的保守党全国大会上所说，"本夫人绝不回头"。所幸坚持终有回报——1982 年，英国取得马尔维纳斯群岛战争的胜利，国内经济形势也开始回暖，撒切尔政府声望因此大增。撒切尔夫人抓住此机遇，趁工党分裂之际，领导保守党在 1983 年的大选中赢得 144 个优势席位。至此，撒切尔政府的变革尝试已进入不可逆转的阶段。

撒切尔夫人在其第二个任期所实施的政策，重塑了未来几十年的英国经济。这一整套激进的改革方案主要分为三大部分。第一部分是

① Pat Thane, *Divided Kingdom: A History of Britain*, *1900 to the Present* (Cambridge: Cambridge University Press, 2018), p. 352.

② Cook and Stevenson, *Britain since 1945*, p. 169.

削减工会权力。在撒切尔看来,工会同时在政治与经济层面对其统治构成威胁。其实,自 20 世纪 60 年代以来,工会引发的旷工罢工屡屡掣肘希思,并在很大程度上致使保守党惜败 1974 年大选。从这一点不难看出,保守党内部的右翼分子对工会的担忧愈演愈烈。与此同时,新自由主义经济学家指出,工会的种种限制性措施与保护就业的做法,缺少现代性、理性与灵活性,与推动经济繁荣背道而驰。最终,撒切尔政府向工会发起反击,先后颁布了《1980 年就业法》(Employment Acts of 1980)与《1982 年就业法》(Employment Acts of 1982),对罢工纠察行为(译者注:即前往不愿罢工的地方鼓动罢工)及其附属行为进行了限制。(20 世纪 70 年代一系列罢工能够取得成功,关键在于流动罢工鼓动员[Flying pickets]流窜于各工地之间鼓动罢工。)不过,撒切尔夫人并没有轻举妄动,而是在赢得大选且做好了必要的准备(如储备充足的煤炭)后,才志在必得向矿工们发难。1983 年,伊恩·麦格雷戈(Ian McGregor)被任命为国家煤炭委员会(National Coal Board,NCB)主席,奉命关闭"效益低下的煤矿",公然和全国矿工联盟(当时铁腕的领导人为亚瑟·斯卡吉尔[Arthur Scargill],此人是 1972 年与 1974 年大罢工的主要组织者)叫板。全国矿工联盟拒不执行国家煤炭委员会的关停计划,于 1984 年 3 月再次发动罢工。此轮罢工声势浩大,持续了将近一年时间。撒切尔政府决心动用一切国家权力挫败本次罢工,于是从全国各地调集部队,对纠察队、发电厂和矿工村实施严格的管制,迫使矿工最终让步。冲突虽然得以平息,但罢工给英格兰北部、南威尔士以及苏格兰中部地区造成的伤害却久久难以抹平。整整十年间,辉煌一时的采矿业彻底没落。对于许多严重依赖采矿及相关产业的地区而言,关闭煤矿无异于釜底抽薪。当地许多居民,特别是中老年男性,在失去矿工的身份后,便很难找到其他工作。从宏观角度看,这是工会领导下的工人阶级的大溃败。这些工人在与管理层追求生产效率与生产自动化,注重节约成本的斗争中终究败下阵来。在撒切尔夫人的努力下,经济的天平开始向资产丰厚者倾斜。

　　"激进撒切尔主义"的第二部分内容是私有化改革,此举采纳了在

71

72

当时已成为主流的新自由主义思想，即私营经济直面市场，相比国营企业，更有效率，更具活力与创造力。早在撒切尔夫人的第一任期内，撒切尔政府已进行了一些小规模的私有化尝试。但从 1984 年英国电信 (British Telecom，BT) 面向全社会出售公股起，英国的私有化步伐明显加快。英国电信是英国国内的知名企业，本次所售股票的定价又极具吸引力，再加上小投资者也有资格认购，最终导致股票被超额认购——约有 200 万人持股，许多人因股价上升而在短时间内获利。随着英国电信的私有化大获成功，更多备受瞩目的国企私有化改革接踵而至：英国燃气公司 (British Gas) 于 1986 年公开募股，英国航空公司 (British Airways) 在 1988 至 1988 年间完成私有化，英国钢铁公司于 1988 年被出售给私人，水利与电力公司也在 1989 至 1992 年间转为股份制企业。此轮私有化为英国政府带来了可观的收益，但对参与其中的英国公众来说，未必是一笔划算的买卖，主要是因为许多公共事业公司最终会利用近乎垄断的地位，发展成为私人公司，而非大众持股的公司。虽然相当一部分人参与持股，但其中大多数人占有的股份都很小，最大的赢家其实是伦敦金融城、大投资者和企业高管。与打击矿工罢工类似，撒切尔政府的私有化改革除了对经济产生切实的影响外，还具有一定的象征意义，即市场原则正为全社会所接纳，多数情况下，个体在日常生活中扮演的是消费者角色，而非公民角色。

73　　　与私有化改革紧密相关的，是放松对金融部门的管制。1986 年，伦敦证券交易所推行名为"金融大爆炸" (Big Bang) 的金融自由化改革，标志着金融自由化浪潮达到顶峰。早在 20 世纪 80 年代初，货币交易与借贷规则的松弛，吸引外国银行 (特别是美国银行) 纷纷入驻伦敦金融城。紧接着，一系列金融自由化改革于 1986 年生效，打破了股票交易与银行业务之间的堡垒，实现了交易业务的计算机化，最终助推伦敦金融城成为全球金融中心。如果说采矿业已成过去，那么伦敦金融城内日新月异的科技发展，以及欣欣向荣的跨国交易，便是英国的未来。伦敦的复兴，本身就是有力的证明——衰败的道格斯岛 (Isle of

Dogs)老码头区如今摇身一变,成为光鲜夺目的金丝雀码头(Canary Wharf)金融办公区。位于该区域中心的加拿大广场一号(One Canada Square)于1991年竣工,一度是英国国内的最高建筑。伦敦从金融服务业创造的财富中获益匪浅,自20世纪50年代以来的人口下降趋势得以逆转,房地产价格也开始飙升,城市的魅力与日俱增,引来了英国各地的人才,而与此同时,英国北部正在遭受去工业化带来的阵痛。

撒切尔夫人于1990年被迫下台时,心有不甘。在她执掌权柄的这些年里,撒切尔主义结出了累累硕果:英国经济增长,房产投资增加,股份制进一步发展,工人罢工得到遏制。另外,个人所得税税率的降低 (1988年的财政预算将个税最高税率从60%下调至40%),也推动了自主创业浪潮进一步高涨。可以说,经过撒切尔夫人的努力,英国走出了经济危机,20世纪70年代的满目萧条已经一去不复返。不过,这一时期的经济仍然存在发展不平衡以及收入分配不均的问题。国家财政状况的改善具有一定的运气成分,很大程度上得益于北海石油开发带来的收益,以及大规模私有化改革这种一锤子买卖。与此同时,在撒切尔夫人的领导下,英国的去工业化进程大大加快,对北方地区而言,煤矿与工厂纷纷被关闭,但得到投资却寥寥可数。在20世纪80年代的大部分时间里,失业人数保持在200万人以上。收入分配严重不均,南北差异显著扩大,给英国社会埋下了新的祸根,20世纪70年代的社会问题或许已经得到了妥善解决,但某些影响英国经济发展的深层次结构性问题依旧根深蒂固,始终没有解决方案。

全球英国

撒切尔夫人及保守党下台后,成型于20世纪80年代的经济政策体系仍得以延续。然而好景不长,到了1992年9月,"黑色星期三" (Black Wednesday)汇率危机爆发,为了保住英镑在欧洲汇率机制 (The European Exchange Rate Mechanism, ERM)中的地位,英格兰银行(Bank of England)被迫抛售超过150亿英镑的外汇储备。欧洲汇率机制的创立初衷是维护金融稳定，依赖的手段是将各国汇率控制在一定区间内。英国当初加入该机制时，英镑汇率正处在不可持续的高位。所以，"黑色星期三"爆发后，英国只能退出欧洲汇率机制，同时将英镑汇率下调10％。至此，保守党长期积攒下来的经济治理口碑丧失殆尽。保守党的对手工党坐收渔翁之利，利用汇率危机及其影响为赢得1997年大选造势。不过，相比在20年代80初接替撒切尔夫人的传统工党，托尼·布莱尔与戈登·布朗（Gordon Brown）所领导的新工党截然不同——该党明确表示，绝不会在经济战略上完全推倒重来；布莱尔十分谨慎地与传统工党的"增税增支"（tax and spend）政策划清界限，承诺不会提高个人所得税；担任首相的布朗则将"谨慎行事"奉为圭臬。新工党于1997年5月上台后，即刻履行了自己的财政责任。新政府赋予英格兰银行制定汇率的权力，责成其力争将通胀率控制在2.5％这一低值。从理论上说，货币政策从此将保持长期稳定，不会再受短期政治干预的影响。据此，新工党认为，其已带领英国经济跳出了二战以来"繁荣与萧条"的治乱循环。

　　布莱尔与布朗的政策虽与撒切尔主义有几分相似，但我们并不能武断地认为他们是在步撒切尔夫人的后尘。相反，二人是在以切实的行动为构建更为公平的社会投入更多的资金。首先，为了给年轻人的就业咨询与培训筹措资金，以降低青年失业率，新工党政府向已完成私有化的公共事业公司收取"暴利税"（windfall tax）。1999年4月，该政府制定了英国历史上首个法定最低工资标准，并创立"低收入委员会"（Low Pay Commission）来保障该标准的实施。其次，针对经历去工业化阵痛的地区，新工党政府加大了对公共服务的投资，从而促使此类地区的失业率缓慢下降。不过，布莱尔与布朗的确延续了撒切尔夫人的承诺，即致力于打造自由、开放和以市场为导向的经济环境。在二人的坚持下，政府对金融市场的监管依旧十分宽松，外来移民被视为助推经济增长的引擎，因此备受欢迎。布莱尔坚信，自冷战结束以来，全球化是当今世界发展的大势所趋。"我听闻，有人妄称要先放下手头的事情来讨论全球化问题，"布莱尔在2005年的工党大会上发言说，"那他还

不如讨论夏天之后到底是不是秋天。"①在经济全球化的浪潮面前,各
国政府犹如螳臂当车,根本无力阻挡。西方的产业如果无法同劳动力
成本较低的经济体(如印度和中国)竞争,就应当及时调整策略,如转变
经营重点或提升劳动力素质。

正当人们对新自由政策体系信心满满时,2007 至 2008 年间的金
融风暴令大多数人的希望幻灭。全球金融业欣欣向荣的假象背后,是
与日俱增的金融风险和错综复杂的利益链条。在环环相扣的全球金融
链条中,复杂且通常不透明的金融产品被层层包装与转售。而当美国
各银行发放太多次贷的事实逐渐变得明晰时,恐慌的情绪在整个行业
内蔓延开来。由于难以评估风险水平,各银行停止了相互拆借。2007
年 9 月,英国一家中等规模的银行——北岩银行(Northern Rock)遭遇
挤兑。此后,许多规模更大的银行也难逃一劫。根据英格兰银行的估
算,英国六大银行的潜在资本损失约为 1 000 亿英镑;其中,苏格兰皇
家银行(Royal Bank of Scotland, RBS)此前在经营策略上最为激进,
因此很可能在短短几小时内就会破产倒闭。好在国家耗费 1 万亿英镑
巨资出手相助,将苏格兰皇家银行与劳埃德银行集团(Lloyds Banking
Group)的大部分资产收归国有,才避免了悲剧的发生。② 这场经济危
机引发的连锁效应持续了十年之久,致使失业人数一度超过 200 万,平
均工资不升反降。新任保守党领袖戴伦·卡梅伦(David Cameron)
将本轮金融危机的大部分责任归咎于工党的疏忽,于是在上台后推行
紧缩政策,力主改善国家财政状况。但众多评论家认为,2007 至
2008 年金融危机爆发的背后,有着更深层次的原因:新自由主义者
对市场的自我调节作用过度自信,同时严重高估了金融行业的理性。

相比 20 世纪 70 年代的金融危机,2007 至 2008 年金融危机并没
有在短时间内导致英国的经济战略发生重大转变。银行业崩溃的现状
使新自由主义观点面临严峻的挑战,并且为了防止更大范围的崩溃发

① https://www.theguardian.com/uk/2005/sep/27/labourconference.speeches.
② Hindmoor, *Twelve Days*, p.225.

生,凯恩斯主义式的投资势在必行。但即便如此,在英国以及其他各国,均没有出现明显倒向左翼政党或者社会民主党的势头。如果非要找出两场经济危机的差别,那便是 2008 年以后的经济停滞局面更有利于坚持民族主义经济战略的右翼民粹政党。不过,卡梅伦及其财政大臣乔治·奥斯本(George Osborne,任期时间:2010—2015 年)还是沿用了成型于 1979 年的政策体系。2016 年,特雷莎·梅(Theresa May)担任英国首相,采取了更具干预主义色彩的政策,引发社会热议。特雷莎·梅的首席顾问尼克·蒂莫西(Nick Timothy)急于重新定义国家的经济职能,从而为劳动人民谋福利。梅的继任者鲍里斯·约翰逊则迫切渴望"拉平"落后地区与发达地区的差距。但是,鉴于脱欧问题以及随后暴发的新冠疫情被提到了政治议程的首要位置,以上设想根本没有机会付诸实践。

进入 21 世纪 20 年代后,英国的政治环境呈现出两大鲜明特征:一是经济政策缺少连贯性,二是国内社会尚未对国家的发展形成统一愿景。过去与未来碰撞在一起,引起了思想的混乱。约翰逊等脱欧支持者认为,英国脱欧以及英国的"限制性"经济体制有利于渴望建功立业的英国企业家,可助力英国在某种程度上重现过去全球贸易霸主的辉煌。从本质上看,该观点仍旧是一种沉湎于帝国旧梦的新自由主义经济战略。与此同时,新冠疫情进一步加深了人们对 2007 至 2008 年金融危机经验教训的认识,即在危机发生时,国家是必不可少且不可替代的后盾。2020 至 2021 年间,疫情导致英国国内经济活动急剧放缓,政府为了维持企业运转和保障薪资的支付,背负了前所未有的巨额债务。里希·苏纳克(Rishi Sunak)出任英国首相后,虽然提高了国民保险税的税率,以支撑国家日后在医疗与社会保障方面的支出,但他还是想方设法向下议院的普通议员表明,这只是形势所迫,自己初心未改,本质上还是一个主张实施低税率的保守党党员。越来越多人意识到,面对气候的变化,国家需要投入重金发展绿色技术,以减少碳排放。至于这笔投资应何去何从,却没有人能给出明确的答案。甚至有人主张,不妨把这些难题留给以后的政府解决。综上所述,政治领袖未能制定出令人信服的经济战略,人民生活水平停滞不前,千禧一代在苦苦应对气候变化危机的同时,清楚地知道自己的人生一眼就可以望到头,且远不及上一辈。战后的英国为历史遗留问题所拖累,发展不平衡与收入分配不均问题尤为突出,实现战后经济稳步增长,缩小区域差距的梦想似乎遥不可及。

第三章　从摇篮到坟墓

80　　　　二战期间，与其说英国公民是在为击败纳粹德国而战，不如说他们是在为更加光明的未来而奋斗。所有人都期望自己的流血牺牲与颠沛流离到头来能有意义，渴望能用这一代人经历的第二次全球性冲突换来重建家园的机会。这一愿景在威廉·贝弗里奇（William Beveridge）所著的长篇专业报告《社会保险及相关服务》（*Social Insurance and Allied Services*，下文称《贝弗里奇报告》）中得到了充分的表达。贝弗里奇先后从事过记者、公务员、学者与社会改革家等职业，终年 62 岁。1941 年 5 月，贝弗里奇受邀出任社会保险和联合事业部委员会主席，负责评估英国的社会保障制度并提供改进建议——社会保障制度包含各项社会福利，自 20 世纪初被引入英国以来，一直在为患病、工伤、失业以及老年人群提供保障。接到这项任务后，贝弗里奇起初感到非常不满，认为它与自己的身份严重不符，只想敷衍了事。不过，贝弗里奇最终还是出色地完成了任务，提出了一些经过仔细论证的社会保障改革建议，并勾勒出许多人所渴望的更加美好与安稳的未来愿景。他指出，"革命的目的就是改天换地，而不是小修小补"：

81　　　　推动社会进步需要一整套综合性的政策体系，社会保障制度仅仅是其中一部分。完善的社会保障制度可以提供收入保障，是战胜贫困的一种手段。然而,贫困只是重建道路上的五道阻碍之一,同时也是最容易攻克的难关。除此之外,还有疾病、无知、脏乱与懒惰。[①]

最终,贝弗里奇设计出一套全民社会保障制度,并且自信地认为,如果这套制度能够得到妥善实施,将会"消除贫困"。他还明确指出,只有多措并举,同时解决困扰英国的其他社会问题,才能让这套社会保障制度真正发挥作用。因此,在报告中他建议,战后各届英国政府应当建立国民医疗服务体系(National Health Service, NHS),保障全民充分就业,同时提供家庭补助。其实,他的观点并不新颖,而且在很多方面都只是在顺应政策制定者的思路。贝弗里奇的真正贡献在于,将战时民众头脑中的美好愿景具象化,制定出一套行之有效的改革方案,为国家与公民之间的关系勾勒出新的蓝图,同时将福利保障与社会重建置于英国政治事业的核心。正因如此,《贝弗里奇报告》创造了英国畅销书历史上的神话,报告的结论被全国各大媒体纷纷转载。一项民意调查的结果显示,该报告出版几天后,95%的民众对该报告有所耳闻,并且绝大多数人认为政府应当采纳该报告的建议。[②] 工党立刻作出响应,积极支持该报告的建议。而该党能在1945年大选中取得压倒性的胜利,很大程度上取决于此。

贝弗里奇认为,过去的枷锁已在艰苦卓绝的对德作战中被打破,现在应当放开手脚,大胆地为未来制定规划。他指出,"战争已经打碎了历史遗留下的重重羁绊,当下百废待兴,正是将经验付诸实践的良机"。[③] 贝弗里奇主张向前看,但他的众多支持者们并没有意识到一个问题——贝弗里奇的大多数观点都是基于过往事实作出的假定,具有一定的历史局限性,不可能无限地适用于战后所有时期。随着生活水

82

---

① William Beveridge, *Social Insurance and Allied Services* (London: HMSO, 1942), p. 6.

② https://blog. nationalarchives. gov. uk/beveridge-report-foundations-welfare-state/.

③ Beveridge, *Social Insurance*, p. 6.

平的提高，人们的寿命会更长，医疗费用会更加昂贵，民众对生活的期望值也会水涨船高；与此同时，性别观与婚姻观的变化也会重塑家庭生活，人口流动性将进一步增强，导致移民数量显著增加，从而推动经济形态发生重大转变，继而引发工作模式的变革，失业潮将会再次出现。

83 　　贝弗里奇隐晦地指出，福利制度旨在消弭社会对立、文化偏见与政治党争。但即便运用理性的社会科学思维，也无法彻底抹除这三大社会病疾。长期以来，福利的分配一直为以下观点所左右：哪些人值得帮助，哪些人不值得；谁才是国家的公民，哪些人应当被剔除。而随着英国人口的成分越来越复杂，谁有资格得到福利保障这一问题，正变得愈发紧迫。到了 20 世纪 70 年代，经济增长陷入停滞，当权者便开始打起缩减社会福利实施成本的算盘。其实早在 1931 年经济大危机期间，工党政府就曾因削减失业救济金引发社会争议，最终被迫下台。撒切尔领导的保守党也有类似的想法，只不过采取的措施是鼓吹"自力更生"和抨击刚刚抬头的所谓"依赖文化"（dependency culture）。虽然社会福利思辨史与经济思想史（详见前一章）的演进轨迹有几分相似，无外乎战后社会逐渐失去了对国家干预力量的信任，转而崇尚基于市场以消费者为导向的解决方案，但二者最终南辕北辙。无论是撒切尔夫人，还是后来对一切持怀疑态度的卡梅伦与乔治·奥斯本，均未能动摇福利国家制度。保守党政客尼格尔·劳森（Nigel Lawson）曾辛辣地指出，"在当今英国，唯一能让英国人信任的，除了宗教，恐怕只有国民医疗服务体系"。此观点在 2020 至 2021 年疫情期间引起巨大共鸣——全国各地家家户户的窗户上挂着支持国民医疗服务体系的横幅，民众们站在家门口，为救治新冠病患的医护人员热烈鼓掌。从另一方面看，

84 疫情暴露了各地医疗条件与福利水平的差异仍然存在。"贫困"未能如贝弗里奇所愿，被轻而易举地消灭。纵使英国再富有，仍有成千上万人需要依赖"食品银行"的赈济，而关于谁应当得到救助的激烈争论也一直在持续。

建设福利国家

战后福利制度的核心是普世主义,这是英国社会在同仇敌忾的"人民战争"中形成的共识。此前几十年里,英国的福利保障与医疗服务就已有雏形,只不过零碎不成体系,且服务对象是包括工人在内的少数群体。如今,克莱门特·艾德礼领导的工党政府作出承诺,将摒弃此前的福利制度,为其所有公民提供保障。《每日镜报》头版要闻用一句话道破了的关键所在——"上至公爵,下到清洁工",都将从中受益。[①] 该福利制度自 1946 年开始实施,在很大程度上沿用了贝弗里奇设想的福利模式。每位公民在成年后都将分得一个社保账号,其本人及家属凭此账号,可享受"从摇篮到坟墓"(涵盖生老病死、退休与失业)的社保福利。需要指出的是,这些福利并非"嗟来之食",而是"劳动所得",因为贝弗里奇坚决反对"圣诞老人式的布施"。他所倡导的模式是,国家建立一个社保资金池,劳动者从工资中拿出一部分钱放入资金池中,雇主与国家同时拿出一部分资金,国家税收也将为此提供补贴。在战前被排除在福利体系外的家庭妇女同样被纳入新的社保制度之中,因为没有她们操劳家庭,其丈夫将无法在外从事有偿劳动。相较以往,新社保制度囊括了人生的所有阶段,保障面更广,回报更高,覆盖群体也更加全面。在此制度下,政府主动揽下了为所有人提供保障的责任,但绝不是想用高福利豢养懒人。

然而,"消除贫困"与解决贫困伴生问题实非易事,尤其对艾德礼所领导的工党政府而言,想在当时严峻的经济形势之下实现此目标,就更是难上加难。后来,有人批评当时的政府,认为其为了建设战后福利国家,将过多的国家资源从基础设施建设投资与营利性经济活动中抽离出来。从本质上说,此举其实是"紧缩年代"的产物。[②] 当时的福利水平与贝弗里奇建议的最低生活保障水平相去甚远。受时代环境所限,

85

---

① *Daily Mirror*, 2 December 1942, p.1.

② Jim Tomlinson, *Democratic Socialism and Economic Policy: The Attlee Years*, *1945–1951* (Cambridge: Cambridge University Press, 2002), p.261.

医疗保险与失业保险能够给付的费用十分有限,正如历史学家帕特·塞恩(Pat Thane)所指出,"英国的养老金向来不够维持生活"。[①] 在当时,尚没有明确的机制将社保支付同物价或薪资挂钩,社保资金在很大程度上依赖国家济贫局(National Assistance Board)提供的补贴,而此补贴的收入来源是,该局根据此前经济收入调查的结果,面向全体公民统一制定缴费比例。贝弗里奇坚持用统一比例的收费标准提供统一标准的福利保障,实际上是在延续战时形成的集体主义精神,结果事与愿违,所建立起的福利制度甚至不如从前——社保缴费比例长期固定在较低水平,社保缴费占据了低收入者薪资的很大比例。在降低社保费用与接济真正需要帮助的人群之间,英国政府难以寻得精妙的财政平衡,所提供的福利待遇长时间低于同时期其他西欧国家。

理想主义、普世主义与财政稳健政策之间的矛盾始终存在,最终催生出国民医疗服务体系。同英国医疗协会(British Medical Association,BMA)进行一系列紧张且复杂的谈判后,时任卫生大臣的安奈林·比万(Aneurin Bevan)最终促成各方达成协议,同意政府将国内各慈善医院与私营医院、诊所以及配套的保健机构统一收归国有。该方案自1948年7月5日实施以来,一直遵循"免费供应"(free at the point of delivery)原则,为全民提供免费医疗,全面覆盖所有医疗服务,从全科门诊(问诊与药物费用全含)到眼科与眼科护理,再到住院治疗,无所不包。从此,历史上长期困扰贫困家庭的高额看病费用问题终于被解决,而从中受益最深的当属工薪阶层的妇女与儿童:放在以往,在社保资金有限的情况下,他们不属于社保体系的保障对象,并且许多家庭会在资金有限情况下选择优先医治养家糊口的男性。国民医疗服务体系防治白喉和结核病等疾病方面取得了重大成功,产妇和婴儿死亡率也大幅下降。可以说,国民医疗服务体系的建立,是新型福利国家建设进程与战后社会进步的一座重要里程碑。1948年7月,在该制度正式实施前夕,安奈林·比万在讲话中指出,国民医疗服务体系"使英国重新占

---

① Thane, *Divided Kingdom*, p. 198.

领了全世界的道德制高点"。"过不了多少年,"他预言道,"我们就会让20世纪的世界再次向英国学习,重现17世纪各国效仿英国的盛景,犹如当代麦加吸引全球信徒前来朝圣。"①此言重在反映世人对英国重现大国辉煌的坚定信念,不过国民医疗服务体系的确引发了全球的关注,实施效果也远超贝弗里奇构想的社会保障方案。

然而,国民医疗服务体系的支出远高出预期。曾有乐观主义者认为,战后出现的求医高峰很快就会退去,但他们很快就被现实打脸——一方面,长期以来被忽视的健康需求在战后终于得到释放,致使人们对挂号开药、验光配镜与牙病治疗的需求激增;另一方面,医疗技术的不断进步,拉高了病患对战胜病痛的期待,因此原有的医疗需求也没有下降。不断上涨的支出令比万忧心忡忡,他在1949年道出了内心的焦虑:"我一想到现在每天都有源源不断的药丸涌进英国人的喉咙,就不寒而栗。"②于是,比万在1951年作出对处方药收费的决定。此举引发民众不满,最终导致比万辞职下台,并引发了一场旷日持久的激烈政治辩论:如何控制国民医疗服务体系的成本,如何优化该体系的资源配置。国民医疗服务体系虽然建立在充足的医疗资源基础上,但其在运转的过程中,还是受到了极大的限制。以受限最为明显的固定资产为例,在20世纪50年代末以前,英国未新建一座医院,直到"1962年医院建设计划"(Hospital Plan of 1962)出台时,政府才制定了针对国民医疗服务体系的建筑设施联合投资方案。此外,心理健康的诊疗没有得到重视,政府投入的资金严重不足,普世主义原则也因此没有得到彻底的贯彻:1943年,为了赢得英国医疗协会的支持,比万同意心理咨询师在国民医疗服务体系定点医院内开展有偿执业。有经济能力的个人可通过付费插队的方式获得更快的治疗。

① https://www.sochealth.co.uk/national-health-service/the-sma-and-the-foundation-of-the-national-health-service-dr-leslie-hilliard-1980/aneurin-bevan-and-the-foundation-of-the-nhs/bevans-speech-to-the-manchester-labour-rally-4-july-1948/.

② Martin Chick, *Changing Times: Economics, Policies, and Resource Allocation in Britain since 1951* (Oxford: Oxford University Press, 2020), p.194.

　　国家社会保障方案的制定，以及国民医疗服务体系的建立，仅仅是冰山一角，从属于一系列更为宏大的改革与投资规划，它们充实了"福利国家"的概念，旨在对抗贝弗里奇所言的"五大猛兽"（即上文提及的贫困、疾病、无知、脏乱与懒惰）。1945 年，战争刚刚结束，重建被炸毁的房屋成为当务之急，贫民窟的改造也迫在眉睫，这决定了国家应将住房建设列为当年投资的首要对象。1945 至 1951 年间，克莱门特·艾德礼的工党政府督造了 100 多万套住房，其中大多数是符合高标准的廉租住房（council houses）。然而，这些房屋的数目还远远不够，于是保守党乘虚而入，在大选中抓住这点大做文章，承诺每年将建造 30 万套住房，因此赢得了 1951 年的大选。此后，在保守党的推动下，英国国内出现了更大规模的住房建设浪潮。1953 至 1954 年间，每年约有 25 万套政府廉租住房建成（另有每年 6 000 套住房由私营企业承建），建造速度达到了 20 世纪内的最高水平，保守党成功兑现了当初的大胆承诺。[①] 无数家庭乔迁新居，享受到更大的住房面积、室内盥洗室以及现代化的设施。他们虽然离开了原来的生活环境，但几乎没有人会感到不舍。从这一点看，在 20 世纪 50 年代，英国社会正变得更加富裕。

　　为了提升教育质量，提供更多的受教育机会，以及提高劳动力素质，英国政府还加大了对教育的投资。《1944 年教育法》（Education Act of 1944）首次建立起一整套完备的中学义务教育体系。根据该法案，自 1947 年起，法定离校年龄将被提升至 15 周岁（按照国家的意愿，日后如遇合适时机，该年龄还将被继续提升至 16 周岁）。年满 11 周岁的儿童将会参加考试，由考试成绩决定被分往文法中学（侧重传统的学术精英教育）、技术中学（专注于培养有工科天赋的学生）还是现代中学（招收未通过前两类学校选拔的学生）。虽然国家宣称对三类学校的学生"一视同仁"，但实际上文法中学总能"掐尖"，挑走最优秀的学生，因此文法中学自然会受到学生和家长的追捧。技术中学实际上根本没有建立起来，教

---

① Roger Mortimore and Andrew Blick (eds), *Butler's British Political Facts* (London: Palgrave Macmillan, 2018), p. 491.

育法设想的三位一体教育体系沦为二元体制,根本无力打破当下存在的
社会不公——虽然少数工薪阶层的儿童侥幸通过了"11＋"测试,并且在
文法中学就读期间表现优异,但从整体上看,整个选拔过程还是对白人
中产家庭的孩童更为有利,因此引发了民众的不满。于是,到了 20 世纪
60 年代,文法与现代中学分流体系渐渐被全能型"综合性"学校所取代。
在这十年间,教育体制问题持续引发巨大的政治争议。尽管各地的办学
投入参差不齐,但大量证据表明,截至 20 世纪 60 年代,英国的总体教育
水平已得到大幅提升。

福利制度的局限性

福利补贴、医疗、住房与教育陆续被纳入国家供给范畴,充分就业得
以实现,实际工资也在持续上涨。种种利好使人们相信,过去存在的许
多问题已经得到解决。然而,贝弗里奇口中的"五大猛兽"并没有被真正
杀死,只是暂时隐退。"普通公民"的处境的确得到了改善,但仍有许多
人,如单亲父母、罹患身体或精神疾病者和老人,仍处在不易被察觉的困
境之中。受社会观念与偏见影响,这部分人群依然会遭受不公平的对
待。众多妇女也被排除在福利制度之外,继续默默扮演着免费家庭保姆
的角色。除此之外,不符合主流性道德观的人群,以及非婚生子的人群,
同样遭受着严重的歧视。

当然,受排挤最严重的还是有色人种,种族歧视对于他们来说如同
家常便饭,阻挠着他们享受国家提供的福利援助。论及 1945 年以后建
立起的福利制度,大多数言论会将这场福利改革同英国公民的英勇参战
联系起来,认为"人民战争"换来了"属于人民的和平",公民所享受的福
利待遇,是对其上场杀敌的回报。战时的英国通常被笼统地描述为白种
人与其他种族组成的共同体,而所谓"光荣孤立"的自我标榜又粗暴地抹
杀了殖民地军队在战争中所作的贡献。在此种语境下,除非得到明确强
调,否则战后移民对于福利的诉求很容易被忽视,甚至这部分人群会被
视为"不配"得到英国自种公民所享有的福利。更具讽刺意味的是,在国
民医疗服务体系部门中,大量的工作人员都是有色人种,而英国社会却

90

91

对此避而不谈。

1958 年 8 月,诺丁汉(Nottingham)与诺丁山(Notting Hill)两地爆发骚乱。国内社会普遍认为,引发暴乱的主要原因是国内种族对立。此后,评论家与政治家将关注重点放在了就业压力与住房问题上,试图着手缓解福利体系面临的潜在压力。但是在这段时间内,离开英国人数远多于进入英国的人数。作为英国发行量最大的报纸,《每日镜报》指出:"生活在西印度群岛的人们……对母邦的看法未免太过乐观,他们听信传闻,认为在这个福利国家里,黄金铺地,鲜奶与蜂蜜唾手可得,养老金人人共享,经济实惠的假牙填满口腔,殊不知我们其实面临着许多难题。"[1]整个 20 世纪 60 年代,随着移民问题愈发凸显,《每日镜报》这一言论的影响力经久不息。在 1964 年的大选中,保守党候选人彼得·格里菲思(Peter Griffiths)从西米德兰兹郡(West Midlands)斯梅西克(Smethwick)选区内脱颖而出,而在此之前,他公开发起了一项种族色彩鲜明的竞选活动,将当地住房短缺问题归咎于移民的涌入。《每日镜报》的主要竞争对手《每日快报》也用带有偏见的口吻写道:"放眼各个学校,10 个学生里,有 9 个是移民。"此言意在暗示地方当局恳请英国政府阻止移民子女"涌入"教室。[2] 1966 年 10 月,《每日镜报》的首席专栏作家罗伯特·皮特曼(Robert Pitman)同样用煽动性的语言指出:"移民正在涌入不列颠……他们此行的目的,并不是像战前的难民那样躲避迫害,而仅仅是为了寻求更好的生活和享受更为充分的福利,谁又能拿他们有什么办法呢?"[3]

在以上阴阳怪气论调的基础上,保守党政客伊诺克·鲍威尔(Enoch Powell)于 1968 年 4 月发表了臭名昭著的演说——《血流成河》(*Rivers of Blood*)。他在演说中提到,伍尔弗汉普顿(Wolverhampton)的一名白

---

① *Daily Mirror*, 3 September 1958.

② Matthew Young, 'Racism, Tolerance and Identity: Responses to Black and Asian Migration into Britain in the National and Local Press, 1948 – 72' (University of Liverpool PhD thesis, 2012), pp. 167, 197 – 8.

③ *Daily Express*, 12 October 1966, p. 10.

人老妪因为"在战争中失去了丈夫和儿子",被趁虚而入的移民群而攻之,遭受了非人的虐待。鲍威尔并没有提及老妪的姓名,比人很可能是他杜撰出来的人物。借助这个故事,鲍威尔想要表达的观点是,这位老人的家人为国家作出了巨大的牺牲,她代表了理应享受国家福利的穷人,但他们享受福利的权利却被外来移民挤占。紧接着,鲍威尔在演讲中宣称:"到头来,英国人发现,他们即将临盆的妻子无法获得医院的床位,他们的子女无法入学,他们的家园与社群变得面目全非,原有的计划和对未来的构想被彻底打乱。"①这次演讲受到了媒体的广泛关注,成为反移民情绪的支点。鲍威尔这一言论为那些难以接受有色人种应得到国家支持的人提供了有力背书。

鲍威尔的言论一出,对全国各地医院、学校、福利政策办公室与住房管理部门的决策产生了深刻的影响。大量证据表明,有色人种或被剥夺了福利权利,或在福利待遇上低白人一等,不仅在求医问诊时被区别对待,而且在申请廉租住房时也会遭到拒绝,甚至还被贴了"学习能力先天不足"的标签。各地学校为了防止少数族裔学生在校内聚集,不惜出动校车将部分黑人和亚裔学生集中拉走。②尽管几十年过去了,这代人中仍有人在遭受歧视——2018年特雷莎·梅被迫道歉,起因是内政部颁布了"歧视性"移民政策,导致大批移民因无法提供能证明其在英国境内长期居住的文件,而被驱逐出境。总而言之,福祉制度揭露了一个残酷的真相——谁才被真正视为这个国家的主人,谁才配享有社会福利。

福利制度反思

在一个日益富裕的社会里,贫穷意味着什么?随着人们对生活的期望值不断提高,当电视等家用电器逐渐进入寻常百姓家时,可被人们

---

① Enoch Powell, 'Birmingham Speech', in Bill Smithies and Peter Fiddick (eds), *Enoch Powell on Immigration* (London: Sphere Books, 1969), pp. 40-1.

② Brett Bebber, '"We Were Just Unwanted": Bussing, Migrant Dispersal, and South Asians in London', *Journal of Social History*, 48/3 (2015), pp. 635-61.

接受的最低生活标准又将会有怎样的变化？针对这两个问题，哈罗德·威尔逊领导的工党政府在 1946 年刚一上台，就承认有必要为建设福利国家投入更多资金，以防止真正需要帮助的人在国家经济高速发展的过程中掉队。为此，该政府提高了养老金与其他福利，同时成立补充津贴委员会（Supplementary Benefits Commission），以修订国家福利基金补助（译者注：指不按个体贡献大小发放的补助）的发放标准。与此同时，威尔逊还将社保缴费标准同工资收入挂钩，建立等级津贴制度，以取代此前同一标准的社保缴费，从而为患病与失业人群筹措更多专项资金。以此为起点，英国政府逐渐背离贝弗里奇提出的同一标准社保缴费制度，并于 1978 年颁布了与收入挂钩的养老金方案。福利政策经过调整，开始与日渐繁荣的社会经济相适应。

但在学院派经济学家布莱恩·亚伯·史密斯（Brian Abel-Smith）与社会学家彼得·汤森德（Peter Townsend）看来，工党政府对福利制度的小修小补虽然受到民众的欢迎，但还远远不够。于是，二人开始强力干预政府的决策，在 1965 年发表了《贫困与赤贫》（*The Poor and the Poorest*）这篇报告，主张从根本上重新定义贫困，并揭露了仍有许多人身处贫困之中的现实。在战后社会，用一成不变的最低生活标准定义贫困已经毫无意义。"贫困是一个相对的概念，"二人指出，"其评定标准应与时俱进，可被人们接受的最低生活标准应随着国家经济的发展而得到及时的调整。"[①]史密斯与汤森德参照国家基础救助津贴的覆盖范畴，推算出维持最低生活水平所需的收入标准（即贫困线），并得出结论——在 1960 年，14％的英国人口（约 740 万人）生活在贫困线以下，其中包括 200 万儿童。贫困问题多发于退休人群、残疾人群以及家庭成员较多的人群，而第三人群中的大多数成年人依旧在从事有偿工作。由此看来，造成贫困的原因不仅是收入中断，还有收入较低。此外，《贫困与赤贫》报告以及后续研究还得出了一个更为深刻的结论：当个体

95

---

① Brian Abel-Smith and Peter Townsend, *The Poor and the Poorest* (London: Bell, 1965), pp. 19, 62 – 3.

被排除在经济繁荣之外,在富裕社会中依旧处于贫困状态时,贫困将会在各个方面对个人的生活机遇造成实质上的影响。长达几十年的研究表明,如果一个人在贫困中成长,其身心健康、教育机会、收入潜力和幸福感均会遭受不同程度的损害。①

在《贫困与赤贫》发表前,国内大多数社评的论调都是对英国富裕的社会现状感到沾沾自喜,而在此报告倡导"重新定义贫困"后,一大批关注特殊贫困群体的新兴慈善组织如雨后春笋般出现,如关注儿童贫困组织(the Child Poverty Action Group,成立于 1965 年)、关注残障人士收入组织(the Disablement Income Group,成立于 1965 年)以及关注无家可归者的慈善机构"收容所"(the Shelter,成立于 1966 年)。此外,英国社会逐渐形成了两项共识。首先,英国的社会问题根深蒂固,并非深居威斯敏斯特宫与白厅宫内的决策者大笔一挥就可以解决。当政者务必及时倾听贫困个体的声音,并给予相应的帮助。其次,如果贫困的认定改为参照相对标准,那么同"五大猛兽"的斗争也应变成为争取社会公平与平等而战。1945 年至 20 世纪 70 年代中期,收入分配不均与贫富分化问题仍然存在,但从英国政府的种种举措来看,其一直在朝着实现更大公平的总体目标不懈努力,取得的成效也显而易见——税收制度进一步完善,充分就业得以实现,实际收入持续增长,完备的福利给付与服务体系(包含国民医疗服务体系)利国利民,贫富差距逐渐缩小。1974 年,时隔十年再次上台组阁的威尔逊故技重施,为福利国家建设投入了更多的资金,但其中部分动机是为了说服工会降低加薪要求。这届政府引入"社会福利工资"(social wage,又称最低所得保障)为全体公民提供保障,标志着战后福利国家建设达到"高潮"。② 但随着经济发展速度放缓和失业率上升,在福利投资与财政收支之间求得平衡变得愈发困难。到了 1976 年,工党不得不削减开支以平衡预算。其实,贝弗里奇倡导的整套福利体系建立在这样一个假设

96

① Kate Pickett and Richard Wilkinson, *The Spirit Level: Why More Equal Societies Almost Always Do Better* (London: Allen Lane, 2009).
② Thane, *Divided Kingdom*, p. 322.

之上——各国政府已具备控制社会需求的能力，可以防止 20 世纪 30 年代经济大危机再次出现。然而，20 世纪 70 年代，经济危机卷土重来，人们对福利国家制度提出了尖锐的质疑。

依赖型社会？

97　　贝弗里奇、比万以及英国战后福利社会的创立者们共同描绘了这样一幅未来愿景：在一个开明的国度，国家与其公民和衷共济，共同消灭贫困、疾病与剥削。政府将会摒弃此前的低效且缺乏连续性的干预手段，改为动用凯恩斯主义经济手段推动经济稳步增长，自上而下的专业治理与英明决策将从根本上解决社会问题。然而，到了 20 世纪 70 年代中期，由于通货膨胀率与失业率同步上升，工会的姿态变得更加咄咄逼人，政府被迫向国际货币基金组织（IMF）申请贷款。在此情况下，民众对国家治理能力与政府决策水平的信心产生严重动摇，社会上不同的声音开始对国家的过去与未来提出种种质疑。首先，如果国家在保障公民福利方面投入过多，那么充裕的社会福利与免费的医疗是否会瓦解整个社会的进取精神，导致人们不愿意再努力工作？其次，是否每个人都值得享受同一标准的福利保障，追求平等真的是当下最紧迫的目标吗？为什么在极简主义大行其道的维多利亚时代，英国尚能主导全球经济，而战后的英国政府奉行干预主义，却将英国带入了衰退期呢？福利制度的缔造者是否好心办了坏事，让英国背上了沉重的包袱。耗资巨大且不可持续的福利体系是否会拖住英国的经济，让这个曾经不可一世的国家在未来彻底陷于平庸？

98　　1975 年，撒切尔夫人成为保守党党魁。从此，提出上述质疑的右翼政客、政策制定者与评论家终于找到了靠山。撒切尔夫人赢得 1979 年大选并上台执政后，便决心改变国家与公民的关系，从而降低福利支出水平。在她看来，政府既不应当盲目追求平等，也不应该纵容公民依赖国家的保障，而应当抓住真正的需求，尽可能鼓励公民个人照顾好自己与家人，同时允许市场对公民需求作出反应，提供可行的市场化解决方案。在此思想的指导下，撒切尔政府开始削减和限制社保福利：从

1982 年起,福利水平开始与物价而非收入挂钩,从而确保了自身的稳步增长。与此同时,与平均收入相关联的养老金数额在 20 世纪 80 年代大幅下降,致使越来越多的老人只能依靠基于经济收入调查结果给付的补充津贴。此外,政府鼓励企业制定自己的养老金方案,但导致的结果却是,除共有的国家养老金外,没有职业养老金的人群与有职业养老金的人群在退休待遇上的差距越来越大。不仅如此,政府还将大部分监管与审批病假津贴的职责移交给雇主。在失业率不断攀升的大背景下,福利申请资质几经修改,有关求职的规定愈发严格,与收入相关的短期失业补助也被取消。1986 年《社会保障法》(the 1986 Social Security Act)的规定更具合理性。例如,收入支持(income support)代替了之前的补充津贴,儿童津贴被取消,酌情发放的福利也被现金贷款取代。国家逐步停止福利住房的供应,同时授意各地政府以大幅折扣抛售廉租住房,并且严格限制将回笼的资金再用于新房建设。

99

为了配合政策的转向,政治宣传的口径也在收紧。社会对"社会寄生虫"与"逃避责任者"的批判愈演愈烈,常常将这些人作为反面教材,同自力更生、吃苦耐劳、从不依赖国家的老一辈放在一起比较。1981年,布里克斯顿(Brixton)与托克塞斯(Toxteth)等地爆发严重骚乱。数月之后,也就是同年的 10 月,保守党全国大会召开,就业大臣诺曼·泰比(Norman Tebbit)在会上气急败坏地说道:"我成长于 30 年代,那时候正好赶上父亲失业。但他没有去闹事,而是跨上自行车默默地去找工作。"①从此,"赶紧跨上自行车"变成一句口头禅,流行于整个 80年代,用来讽刺那些在他人眼中没有努力找工作的人。"我们经历过这样一个年代,当时太多人被灌输这样一种思想——如果遇到了问题,那么解决问题是政府的责任,"撒切尔夫人在 1987 年告诉《妇女界》(*Women's Own*)杂志的记者,"他们把自己的问题推给了社会。但你也知道,哪有社会这种东西,它不过是个抽象的概念罢了,真实存在的

---

①　引自 Anthony Jay (ed.), *Lend Me Your Ears: Oxford Dictionary of Political Quotations* , 4th edn (Oxford: Oxford University Press, 2010), p. 307。

100 是个体的男男女女,以及他们组成的一个个家庭,没有任何政府可以脱离个体的人做成任何事情。所以,人首先要靠自己。"[①]1992 年,社会保障部长彼得·莱利(Peter Lilley)发表了一段会议讲话,标志着这一时期的极右保守主义思潮达到顶峰。在承诺终结"不劳而获的社会"后,他痛斥移民"是蝗虫那样从天而降的寄生虫,总想着以威胁的方式索取福利",并重申了"寻求庇护者全都虚情假意"的主张。此外,莱利还改编了吉尔伯特(Gilbert)与沙利文(Sullivan)合作的歌剧《日本天皇》(Mikado),以讽刺不劳而获者,其中有几句台词这样写道:"列出一份简短清单/里面都是诈取福利的祸害,我很快要将他们清算/没有一个人能逃得掉。"按照莱利的说法,"有待惩治的骗取福利行为多达数十上百种",比如"年轻女性故意怀孕,只为能在排队申请分房时插队","为了骗取家庭补贴,父亲故意与女性发生关系生下孩子,但不抚养孩子"。[②] 总而言之,莱利的言下之意是,前几届政府太过天真,它们根本没有意识到,过多的福利会适得其反。如不对福利制度加以严格的限制,该制度就会被别有用心之徒滥用。

在地区经济发展不平衡的背景下,撒切尔夫人的政策与政治论调导致贫富分化加剧,英国社会更加撕裂。与战后初期普世主义氛围形成鲜明对比的是,20 世纪 80 年代的英国社会正在分化为"成功人士"与"失败者"两大群体。所谓"雅皮士"(yuppies)指的就是不断向上流动的年轻职场精英,通常在伦敦金融城工作或经营自己的生意,他们代表了"成功人士"群体。另外,根据撒切尔政府推出的"购房权"政策,有能力购买廉租住房的熟练工人也属于这一群体。这些工人从房价上涨

101 中获益,摇身一变成了富人。相反,那些生活在衰败工业区、就业前景渺茫的人,以及那些除了国家福利再无其他收入的人,全都属于"失败者"。在当时的舆论环境中,他们常常遭受指责,被要求必须自食其力。

---

① Margaret Thatcher, *Women's Own*, 31 October 1987, https://www. margaretthatcher. org/document/106689.

② https://www. totalpolitics. com/articles/news/peter-lilley-stands-down％E2％80％ A6-and-green-campaigners-say-he-wont-be-missed.

贫富分化加剧还有另一个明显表现,就是无家可归者人数增加。官方数据显示,1979 至 1992 年间,登记在册的无家可归者人数从 7 万增长至 18 万,这还不包括露宿街头的人群。根据慈善机构"收容所"的估算,仅 1993 年一年,落魄至无家可归的人数就超过了 8 000 人。[1] 记者尼古拉斯·蒂明斯(Nicholas Timmins)深受触动,撰写出一部福利制度史,该书首次出版于 1995 年,之后获得大奖。蒂明斯在书中无比愤怒地指出:

> 如今,只要乘坐伦敦地铁或行走在各大城市街头,就不可能不看到乞丐,或者换句话说,随时会遇到乞丐向你乞讨。根据我的生活经历,这种现象在 80 年代末以前根本不存在。那时候,虽然堤岸地铁站(the Embankment)内也住着不少穷困潦倒的人……但里面没有年轻人。可现在,睡在斯特兰德大街(the Strand)沿街门廊里的,全都是身无分文的年轻人。[2]

在撒切尔夫人的支持者看来,她的政策助力英国从 70 年代的经济衰退中复苏,这些露宿街头者是必要的政策牺牲品。但反对者认为,这些流浪汉恰恰是撒切尔时代失去民心的象征。

新工党及其他各党:国家福利之争

就撒切尔夫人给福利国家制度带来的各种变化来看,她未能如愿彻底重塑该体系。冠冕堂皇的政治口号并不总能切合实际,右翼人士提出的削减福利开支主张同样缺少政治可行性。1979 至 1980 年间,以及 1990 至 1991 年间,社会保障支出实际增长了 23%,其中部分原因在于这两个时段内的失业率居高不下。[3] 另外,对于国民医疗服务

---

[1] Thane, *Divided Kingdom*, p.379.
[2] Nicholas Timmins, *The Five Giants: A Biography of the Welfare State*, 3rd edn (London: William Collins, 2017), p.4.
[3] Thane, *Divided Kingdom*, p.366.

体系,撒切尔夫人也采取了较为谨慎的态度。"不必担心我们会对国民医疗服务体系下手",撒切尔夫人在1982年的保守党全国大会上明确表态。她的传记作家也曾指出她"从不担心国民医疗服务体系会对其政治生涯和选举结果产生潜在的威胁"。^① 撒切尔夫人在位期间,虽然鼓励扩大私营医疗保险份额,并积极推动医疗服务外包,但驳回了将国民医疗服务体系私有化的提案,同时也没有同意针对看病和住院项目收取费用。1990年,英国颁布《卫生服务及社区关怀法》(Health Service and Community Care Act),标志着撒切尔夫人倡导的国民医疗服务体系改革进入白热化阶段。该法案授予医院自主经营权,允许其与不同供应商订立医疗服务供应合同,从而将"内部市场"机制引入医疗服务系统。此举意在借市场规律提升效率与鼓励创新,但自1948年以来一直支撑着国民医疗服务体系的"免费供应"基本原则并未受到动摇,医疗服务支出仍在继续增长。

103　　保守党的政策加剧了贫富分化,引发重重社会问题,为工党提供了可乘之隙。自1994年以来,托尼·布莱尔与戈登·布朗抓住机会向保守党发难。虽然政客与右翼媒体可以在短期内,针对典型的"混吃混喝骗福利"与过度的福利支出,煽动起愤怒的情绪。但从民意调查的结果来看,民众依旧大力支持国家维持福利开支与国民医疗服务投资。冗长的医院候诊名单、糟糕的治疗状况,再加上明显的南北贫富差距,以及无家可归者人数的增加,给予"新工党"充分的理由抨击保守党"冷漠无情"。1997年大选前夜,布莱尔大肆鼓吹"距离拯救国民医疗服务体系还有24小时",并承诺将通过完善福利制度实现社会公平,后者成为工党在本次大选中取得压倒性胜利的关键所在。人们普遍认为,如果说撒切尔夫人开出的药方针对的是20世纪70年代的社会顽疾,那么展望即将到来的新千禧年,英国应转变观念,致力于追求公共领域的改善与现代化,同时提升国家凝聚力,防止社会分裂。保守

---

　　① Charles Moore, *Margaret Thatcher, Herself Alone* (London: Penguin, 2019), p. 79.

党主席特雷莎·梅在 2002 年的年度会议上向全体党员坦言:"在这次思想观念转变的过程中,有许多党徒站在了错误的一边。我们党的根基不牢,有时候也不太得民心。你们也知道,甚至有人把咱们叫作'卑鄙党'。"①

　　在工党赢得大选后的十年里,政府的确加大了对福利国家制度的投资。此前,布莱尔曾作出承诺,要将英国的医疗福利水平提升至欧盟平均水平。因此,工党政府在国民医疗服务体系上的支出大幅增加,彻底扭转了英国医疗福利水平在 20 世纪 90 年代末低于同期欧盟平均水平的局面。但需要指出的是,政府并未能完全掌控这类支出,因为采用私人主动融资模式(private finance initiative, PFI)建立的医院累积了高昂的长期借贷成本。不过,我们也要看到,患者预后结果和病患满意程度都有了明显的改善,医疗服务体系内的医生数量增多,使备受诟病的预约排队时间得以缩减。与此同时,政府还大幅增加了教育经费,建立起一套以提高识字与算术水平为宗旨的全新教育考试体系。在就业方面,工党政府不仅一如既往地关注失业者再谋职业,而且在培训和鼓励年轻人就业方面投入了更多的资源,以践行其标榜的"新政"。1999年,在颁行最新法定最低工资标准的基础上,工党政府又补充了"工作家庭所得税减免"(Working Families Tax Credit)政策,旨在通过税收制度提供基于经济收入调查结果给付的补充津贴,从而解决低工资造成的贫困问题。另外,布莱尔还试图重拾 20 世纪中期改革者们的部分理想主义精神,以重新擦亮黯然失色的社会愿景。长期以来,人们只要一提到福利制度,就会将其同"欺诈、滥用、懒惰、依赖型文化、依赖福利导致缺少社会责任感"等表述联系在一起。因此,在 1999 年的纪念贝弗里奇演说中,布莱尔提到自己有两个愿望,一是"让福利国家制度再次大行其道",二是"重建公众对于福利制度的信任与信心"。按照他的说法,为了让福利国家制度成为"推动社会进步的力量",政府需要提供

①　https://www.theguardian.com/politics/2002/oct/07/conservatives2002.conservatives1.

"切实的保障与真正的机会"。在布莱尔谈及的社会愿景中,居于核心地位的是一项引人注目的承诺——"我们立志成为第一代永久消除儿童贫困的人,力争在 2020 年实现此目标。"①为此,政府不仅将加大在医疗、福利和教育方面的资金投入,还会采取多项切实可行的具体措施,如实施"确保开端"(Sure Start)计划,在各地社区建立"确保开端"儿童中心,为贫困地区儿童的成长提供支持。此外,工党政府还将延长产假,增加对儿童信托资金的投入,同时新设"教育维持津贴"(Educational Maintenance Allowance,EMA),以支持低收入家庭儿童接受教育直至年满 18 周岁。布莱尔勾勒的宏伟蓝图旨在构建更为平等的社会,对广大选民产生了难以抵挡的吸引力。

在新工党宏大投资计划的推动下,福利国家制度的基础设施得以显著改善,贫困水平大幅降低,防止社会撕裂的政治口号也使社会弱势群体得到了关注。但是,布莱尔与布朗终究未能实现更为宏大的政治抱负,也未能加速消除社会不平等。造成此遗憾的原因在于,二人既没有采取更为强硬的干预措施解决经济发展不平衡问题,也没有正视房价过高导致百姓买不起房的社会现实。更为糟糕的是,金融危机在2007 至 2008 年间卷土重来,引发财政紧缩,致使政府再也无力为理想化的福利改善措施提供财力支持。从 2010 年起,戴维·卡梅伦开始重提撒切尔时代的"社会寄生虫"与"逃避责任者"论调,为政府在新一轮通货紧缩中削减福利支出寻求辩解,只不过语气没有撒切尔夫人尖锐。在卡梅伦执政的前五年时间里,英国社会对"移民"权利的质疑声日益高涨。新政府收紧了福利政策,将福利标准控制在每年 2.3 万英镑以下。有空置卧室的低收入住户将被扣除一定比例的住房补贴(即所谓的"卧室税")。此前工党的种种新政,诸如"确保开端"计划、教育维持津贴以及儿童信托资金,新政府也无力负担。另外,为了精简福利制度,卡梅伦政府还将多项不同的津贴合并成一项"统一福利金"(Universal Credit),但依旧未能解决福利资质认定与福

106

---

① https://www.theguardian.com/politics/1999/mar/19/political news.politics.

利待遇兑现问题。不仅如此,在这一时期内,政府的福利支出始终处于较低水平,但唯独养老金没有受到通货膨胀的影响,毕竟领取养老金的愤世嫉俗者大部分都是支持保守党的选民。由于国家职能缩减,志愿服务组织被迫填补政府抽身后留下的空缺。在英国各城市,"食品银行"向穷人发放应急食品已成为常态。仅2015年一年,英国规模最大的"特鲁塞尔信托"(Trussell Trust)食品银行就供应了超过100万份食物补给包裹。五年后,此数额翻了一番,达到了250万份。① 2020年新冠疫情暴发前,福利专家兼大学教授迈克尔·马莫特爵士(Sir Michael Marmot)发表报告并指出,在此之前的十年里,英国各地的健康水平差距进一步扩大,医疗不公问题凸显。人们在健康状况不佳的情况下熬过了人生的大部分岁月,预期寿命的增长也陷入停滞。② 总而言之,长达十年的福利紧缩给英国穷苦公民的生活造成了严重影响。

新冠疫情的暴发,既彰显了英国福利国家制度的优越性,也暴露了该体系的弊端。在疫情给医院收治能力带来巨大压力的情况下,医护人员奋战在一线,维持着国民医疗服务体系的运转,使民众对该体系的认同达到了新的高度。鲍里斯·约翰逊不幸罹患新冠肺炎,病情严重,但在国民医疗服务体系的支持下,很快病愈出院。对此,他公开表达了对国民医疗服务体系发自肺腑的热爱。与世界上其他国家相比,英国提供了高效且成功的疫苗接种方案。面对疫情封控导致停产停工,英国政府投入大量资金支持企业渡过难关,并支付停工停产期间的工人工资。但是,过去十年的财政紧缩大大削减了政府对福利体系的投资,致使国民医疗服务体系与各地福利主管部门面临着空前巨大的压力。相比欧洲其他同水平国家,英国的人均床位数与全科医生数明显不足。新冠疫情还充分暴露了英国的医疗不公问题(主要表现为优质医疗资源被挤占后,低收入人群和有色人种只能获得更差的医疗资

107

① https://commonslibrary. parliament. uk/research-briefings/cbp-8585/.

② https://www. health. org. uk/publications/reports/the-marmot-review-10-years-on.

源），从而提醒英国政府仍需关注历史遗留问题。另外，出现于 20 世纪 80 年代的贫富差距不仅没有在此后的几十年间缩小，反而在某些领域进一步扩大。总而言之，贝弗里奇杀死"五大猛兽"的美梦终究未能成真。

第四章　分裂的王国?

　　全社会对过去拥有共同的回忆,对未来抱有一致的憧憬,构成了国家认同感的根基,同时也赋予各国政权继续存在的合法性与合理性。大不列颠及北爱尔兰联合王国(下文简称"联合王国")尤是如此,它由多个地区或区域组成,且每个地区或区域都有各自强烈的认同感。那么,对联合王国下辖的英格兰、苏格兰、威尔士和北爱尔兰(下文简称"四邦")而言,为什么"联合优于分裂"?[①] 我们只要回顾历史,看看各邦取得的成就,就能从中找到答案! 主张联合的人借助史实,将欧洲西北沿岸诸岛的历史,解释为不列颠群岛的统一与崛起史。这种惯用的历史叙事讲述了君主专制的加强、新教的传播、贸易的发展、海外领土的扩张,在此基础上,一套以伦敦为中心,建立在共同语言、共同价值观与共同信仰基础上的政治经济体系逐渐形成。得益于这种宪政体制,联合王国在 19 世纪中期成为领先世界的经济体与称霸世界的帝国,吸引了来自四邦的民众,其工业影响力更是辐射各地,催生出邓迪(Dundee)的纺织工厂、南威尔士的煤矿和贝尔法斯特的造船厂。一战与二战的斗争经历也成了刻骨铭心的共同回忆,将联合王国的资源前所未有地凝聚在一起,而战争的胜利也证明了这个国家的实力。写到

---

　　① "联合优于分裂"是 2014 年苏格兰独立公投中"反对独立"运动的口号。

这里,上面那个问题的答案便显而易见:为什么要反对一个皆大欢喜的方案呢?联合派认为,只要各邦在联合的前提下继续保持互惠互利,那么联合王国的未来将和过去一样辉煌。相反,分裂将导致国家的发展出现停滞甚至倒退。

上述观点的说服力与英国自身持久的成功与繁荣密切相关,但并不适用于爱尔兰,该地区的经济增长率显著低于其他地区,并且占人口大多数的天主教徒认为,新教君主及其帝国取得的"不列颠式"胜利与他们没有太大关系——爱尔兰并没有轻易融入英国传统的历史叙事体系,所以在这一句中,我使用的措辞是"不列颠式"而非"联合王国式"。反过来,联合王国也没能遏制引发大部分爱尔兰人不满的社会矛盾、政治对立与文化撕裂。1916 年,声势浩大的复活节起义(Easter Rising)爆发,严重动摇了联合王国在爱尔兰的统治,致使伦敦无力维系帝国的统一。1921 年,爱尔兰与联合王国签订《英爱条约》,宣布爱尔兰大部分地区脱离联合王国。1945 年以后,关于二战胜利的历史叙事在其他地方也逐渐失去了说服力。当时人们逐渐接受了这样一种观点——联合王国的军事实力已经无法与美国和苏联匹敌。面对这种情况,加上殖民体系逐渐瓦解的事实,就连歌颂统一与宪政体制的那些人也变得底气不足。放眼世界,各邦国都在来自遥远统治中心的控制,同时声明自己拥有自治权,苏格兰、威尔士与北爱尔兰同英格兰及其伦敦议会的关系似乎更加特殊。过去几十年间持续推动经济增长的许多行业走向衰落,进一步加剧了这种情况:到了 20 世纪 70 年代,采矿业、造船业、纺织业以及钢铁业萎缩,致使许多地区的经济发展前景黯淡。由于缺少经济增长点,衰退地区无法安置去工业化进程产生的成千上万名失业工人;到了 20 世纪 80 年代,撒切尔政府的政策偏袒伦敦和东南部的金融和服务业,进一步扩大了英国各地的贫富差距。

在这种社会大背景下,四邦各异的历史以及对未来愿景的分歧变得更加引人注目。有人开始强调英格兰是一个征服者,它出于自身的利益试图统治联合王国,同时削弱它在其他邦国遭遇的政治、文化和语言差异。人们将四邦的处境与帝国殖民地人民相提并论。对于民族主义者而言，当下正是重申苏格兰、威尔士和(北)爱尔兰独特性的良机，他们终于有机会畅享更大的自治权甚至独立可能带来的机遇。在苏格兰与威尔士，苏格兰民族党(Scottish National Party, SNP)与威尔士党(威尔士语：Plaid Cymru)分别发展成为当地强大的政治势力。而在北爱尔兰，占人口少数的天主教徒也组织起来，反对贝尔法斯特强加给他们的新教霸权。到了 20 世纪末，变革的大势已不可阻挡。1998 年，联合王国同北爱尔兰签署《耶稣受难日协议》(Good Friday Agreement，亦称《贝尔法斯特协议》)，同意北爱尔兰权力下放政府成立议会，与联合王国分享权力。第二年，苏格兰议会在爱丁堡成立，威尔士议会在加的夫(Cardiff)成立。但是，这些解决方案并没有实现人们所预期的政治稳定。在苏格兰，权力下放的初衷是为了抑制苏格兰同伦敦彻底决裂的冲动，结果却适得其反。苏格兰民族党的影响力持续增长，推动苏格兰在 2014 年举行了独立公投。虽然此次公投的结果是保持现状不变，但苏格兰同伦敦的关系却被明确地提上了政治议程；在北爱尔兰，1998 年以后，虽然爱尔兰共和军(IRA)以及联合派准军事组织宣布停止使用武器，相关的改革政策也得以推行，"北爱尔兰问题"(the troubles)引发"暴力冲突"的风险大大降低，但和平形势依旧不够稳定，权力共享体制屡次崩溃。2016 年的脱欧公投进一步加剧了联合王国内部的紧张局势：英格兰与威尔士投票支持脱欧，北爱尔兰和苏格兰则投票支持留欧。在许多苏格兰人看来，全苏格兰一边倒地支持留欧，而全英投票的结果却是赞成脱欧，此事充分证明，苏格兰因缺少宪政话语权而处于不利地位。与此同时，北爱尔兰(主张脱欧)与爱尔兰共和国(主张留欧)在边界问题上争执不休，进一步凸显了"联合"的脆弱，从而使许多人作出预判：无论伦敦方面如何阻挠，爱尔兰的统一终将是大势所趋。

　　20 世纪与 21 世纪初的经验表明，联合王国缺乏连贯的、现代化的、面向未来的愿景。在实际运作中，英国的统一始终依赖于两大手段：一是通过经济的繁荣弱化各地独立意向；二是采取务实措施向地方当局妥协。但是，在当今全球化的世界里，各民族主张民族身份认同与追求自治权，而英国国内贫富不均问题由来已久，宪政体制的不透明

111

112

性又难以服众,联合王国在掩饰这两大问题上愈发力不从心。随着权力的下放,英国的民族主义正发展成为一股独立的政治力量。很难想象,联合王国的统一现状还能维持多久。

英格兰式霸权?

所有国家都存在地域不平衡问题,但是英国下辖各地的差距尤为明显。英格兰的面积为 50 052 平方英里,占英国国土面积的 50% 以上。苏格兰的面积位居英国第二,达到了 29 799 平方英里。相比之下,威尔士和北爱尔兰的面积则要小很多,分别为 7 968 平方英里和 5 206 平方英里。[①] 如果撇开面积单算人口,那么英格兰的优势就更大了。1951 年,人口普查结果显示,英国人口总数为 5 020 万,其中英格兰人口数为 4 120 万(占人口总数的 81.9%),苏格兰人口数为 510 万(占人口总数的 10.1%),威尔士人口数为 260 万(占人口总数的 5.2%),北爱尔兰人口数为 140 万(占人口总数的 2.8%)。截至 2019 年年中,英国人口总数已增至 6 680 万,其中英格兰人口数达到了 5 630 万(占人口总数的 84.2%),苏格兰人口数为 550 万(占人口总数的 8.2%),威尔士人口数为 320 万(占人口总数的 4.8%),北爱尔兰人口数为 190 万(占人口总数的 2.8%)。[②] 各地主要政治、经济与文化机构的设置与运转,进一步加剧了各地之间存在的差异。与大多数同类型国家相比,英国的体制更为集中——英国议会设在首都伦敦,这座大都市既是帝国行政权力的中心,也扮演着金融服务中心的角色,同时还是许多公司总部的所在地。英语成为公共领域的通用语言,就连联合王国的官方媒体也带有浓厚的"大都会风格"。过去大多数时间里,英国主要的"全国性"大报社也都聚集在伦敦市中心的弗利特街(Fleet

---

① John Oakland, *British Civilization: An Introduction*, 7th edn (London: Routledge, 2011), p. 27.

② 1951 年的数据见 Mortimore and Blick (eds), *Butler's British Political Facts*, pp. 471 – 2; 2019 年的数据见 https://www.ons.gov.uk/peoplepopulationandcommunity/populationandmigration/populationestimates/articles/overviewoftheukpopulation/january2021。

Street)。虽然这条街上也有地方报纸的报社与编辑部,但不可否认的是,南方英格兰系的观点在各新闻专栏中占据着主导地位。无线电广播与电视行业也是如此。根据广播和电视播音员的声音,我们就可以轻而易举地判断英国广播公司(BBC)将经营重心放在了英格兰南部。到了 20 世纪 70 年代,该公司播音员的清脆音调和标准发音几乎遍及全英各个角落,充分彰显了英国广播公司的属性——一个典型的白人中上层阶级大都会组织。尽管英国广播公司也兼顾了独立的地方性节目,但英国官方仍然在 1949 年发表了一份针对英国广播公司的报告,将该公司以伦敦为中心的做法单列出来批判。在接下来的几十年里,类似的情况还将重复上演。放眼联合王国各地,最具代表性的地域不平衡现象存在于语言领域:人们常用"英格兰"(England)指代"英国"(British),用"英格兰的"(English)代表"英国的"(British),而"联合王国"(United Kingdom,英国的官方正式名称)在 20 世纪 70 年代以前并不常用。这样一来,任何人在谈论英国时,苏格兰、威尔士和爱尔兰在无意间就被抹去。对此,一代又一代苏格兰人、威尔士人和爱尔兰人已经容忍了太长时间。

　　根据各地域与英格兰乃至整个联合王国的关系,地域不平衡问题在各个地域的表现各异。威尔士曾在 16 世纪被并入英格兰并接受伦敦的管辖。该地没有独立的机构,其文化认同通常通过语言、文化和宗教得以表达。20 世纪初,说威尔士语的人数占威尔士总人口数的二分之一,而在威尔士北部以及更为广阔的乡村地区,说威尔士语的人口比例更高。但随着城市化进程加快与人口流动性增强,以及英语国家媒体兴起(从 20 世纪开始,英语电影与英国名人圈转向以好莱坞为中心),威尔士语逐渐被边缘化。在节日方面,每年一度的威尔士国家艺术节(National Eisteddfod)大力宣扬威尔士的文学、音乐、舞蹈和视觉艺术,却与主流文化浪潮背道而驰。另外,宗教也提供了另一种表现威尔士地域认同的有力方式。新教反对墨守成规,在威尔士各地吸引了大批信众,导致英国国教被冷落。经过长期斗争,英国国教在威尔士境内的法定地位于 1920 年被废除。自 19 世纪末以来,一些激进

114

115

81

的自由主义者为威尔士争取"自治权"（Home Rule）奔走呼号，其中的代表人物是戴维·劳合·乔治（David Lloyd George），此人曾在 1916 至 1922 年间担任英国首相。1925 年，威尔士民族党（威尔士语：Plaid Genedlaethol Cymru，英语：the Welsh National Party）在普尔黑利（Pwllheli）成立，其宗旨是为威尔士争取更高程度的自治，以及推动威尔士语成为官方语言（二战结束后，该党改用更为简短的名称"威尔士党"）。在威尔士内部，虽然许多人对英国的高压手段感到不满，但大多数人更觉得"威尔士党"的民族主义主张不切实际，根本无法实现。在这一时期，威尔士地区尚未形成合情合理、令人信服的独立愿景。早在 20 世纪初，受部分激进政治传统的影响，威尔士成了自由党的大本营。而在 1945 年以后，这些政治传统又助力工党在党争中占据了优势。1951 年大选期间，保守党以微弱优势获胜，工党在威尔士赢得了 27 个席位，仅比保守党多 6 个席位，比自由党多 3 个席位。同年，英国设置威尔士事务大臣一职，但该职位并非独立职位，而是与另一职位合并。直到 1964 年，英国才设置了专门负责威尔士事务的国务大臣，由其掌管独立的威尔士办公室（Welsh Office）。总而言之，在英国政府在考量国内政局时，毫不掩饰威尔士的边缘地位。

116　　苏格兰作为一个独立的国家，其历史比威尔士更为悠久。1707 年，英格兰与苏格兰签订《联合条约》（Treaty of Union），允许后者维持独特的体制结构。因此，苏格兰保留了自己的长老会（Presbyterian Church），拥有独立的法律与教育体系。在苏格兰当地，仅有少数人说盖尔语（Gaelic），这部分人数在 20 世纪初约占苏格兰人口总数的 5%。不过，苏格兰人民的文化认同并不局限于语言，其覆盖范围更广，辨识度更高，表现形式更加多样。罗伯特·彭斯（Robert Burns）与沃尔特·司各特（Walter Scott）的文学作品、底蕴深厚的风笛与小提琴演奏，以及迷人的苏格兰自然风光，都可以作为苏格兰文化认同的载体。在政治体制方面，英国设置了类似威尔士的专门职位与机构，且这类职位与机构的建制时间远早于威尔士。1885 年，英国设立苏格兰事务大臣一职，后于 1926 年将该职务升级为全权事务大臣。截至 1939 年，苏格兰办公室(Scottish Office)已成为举足轻重的行政职能部门,与苏格兰农业部、苏格兰教育部、苏格兰卫生部和苏格兰内政部平起平坐。此外,为了积极响应国家主导的战后经济发展计划,苏格兰于 1962 年成立了苏格兰发展部(Scottish Development Department),后在 1973 年组建了苏格兰经济规划部(Scottish Economic Planning Department)。

与威尔士的情况类似,苏格兰地区争取"自治权"的呼声肇始于 19 世纪末,在一战结束后催生出多个主张分裂与自治的政党,如苏格兰国家联盟(Scottish National League,成立于 1921 年)、苏格兰国家党(the National Party for Scotland,成立于 1928 年)和苏格兰人党(Scottish Party,成立于 1932 年)。到了 1934 年,上述政党合并为存续时间更久的苏格兰民族党。1945 年 4 月,在马瑟韦尔(Motherwell)补缺选举中,苏格兰民族党首次赢得议会席位,成功当选为议员的罗伯特·麦金太尔(Robert Macintyr)告诉选民:"你们现在有机会让政府畏惧苏格兰人的意见了。"因为在那时候,"还没有人敢奢望伦敦会对苏格兰事务产生兴趣"。[1] 然而,在三个月后的大选中,麦金太尔失去了自己的席位,苏格兰民族党在接下来的二十多年里也再未赢得过席位。

出现这种情况,是因为苏格兰选民认为,他们的利益还应当交给威斯敏斯特的主流政党来维护。所以,苏格兰的政局有别于威尔士,在此地占据主导地位的是保守党。在 1951 年的大选中,保守党和工党各获得 35 个席位,仅剩下 1 个席位归自由党所有。四年后,保守党以 36 比 34 的微弱优势战胜工党,这是保守党在整个 20 世纪 50 年代取得的最后一次全面胜利。但在选举之外,有迹象表明,苏格兰民众对英国的中央集权体制颇有微词。1949 年,一个自称"苏格兰国民议会"(Scottish National Assembly)的跨党派团体签署了一项请愿书,主张建立拥有增税权力的苏格兰议会。这份请愿书募集了大约 200 万个签名。[2] 第

117

---

[1]　*Guardian*, 14 April 1945, https://www.theguardian.com/politics/2020/apr/14/snp-wins-first-seat-in-westminster-robert-mcintyre-1945.

[2]　Graham Walker, 'Scotland, Northern Ireland, and Devolution, 1945 – 1979', *Journal of British Studies*, 49/1 (2010), pp. 117 – 42 (p. 119).

二年,四名格拉斯哥大学(Glasgow University)的学生闯入威斯敏斯特教堂,偷走了"斯昆石"(Stone of Scone,中世纪苏格兰国王加冕时踩在脚下的石头),将其放置在阿布罗斯修道院(Arbroath Abbey)内。此举轰动全球,登上了世界各地报纸的头条。综上所述,苏格兰的过去经过阐释,可以为不同的未来愿景服务。虽然对历史的阐释暂时未引发什么有意义的变革,但苏格兰人早已做好准备,只要政治与经济大环境发生深刻变化,他们随时可以从阐释历史中找到对策。

　　北爱尔兰同英国的关系最为复杂。如果说,苏格兰人与威尔士人的不满尚且局限于英国随意地将英格兰同不列颠或者联合王国画上等号,那么北爱尔兰人则同时被排斥在不列颠语和不列颠性(Britishness)之外。这一现象折射出爱尔兰在英国政治与文化史中的尴尬地位。在许多观察家看来,爱尔兰更像是英国的殖民地,而不是联合王国的组成部分。[①] 对此,他们从种种现象中找到了证据,例如:爱尔兰的大部分民众信仰天主教,但英国却在这里建立起新教霸权,并实行与该霸权相配套的土地等级所有制;英国政府对爱尔兰人民的福利漠不关心,臭名昭著的爱尔兰大饥荒便是最好的证明。这场发生于19世纪40年代的人祸导致100万人死亡,另有100万人背井离乡。常在帝国殖民地才设置的暴力机关(如军警)也在爱尔兰多次被启用,其中一次是在1916年复活节起义之后,另一次是1919至1920年间伦敦统治的合法性遭到动摇时。鉴于爱尔兰的经历与英国其他地方截然不同,伦敦的政治家们已经准备好在爱尔兰推行他们认为在其他地方不适用的政策,不过他们也清楚,在殖民地与伦敦大都会的关系上套用二元制未必有用。

　　1921年,爱尔兰分裂为爱尔兰自由邦(Irish Free State,下辖26个郡,居民主要是天主教徒)和北爱尔兰(Northern Ireland,下辖6个郡,居民主要信仰新教),一套全新且与众不同的宪政体制由此诞生。与此

---

① Stephen Howe, 'Questioning the (Bad) Question: "Was Ireland a Colony?"', *Irish Historical Studies*, 36/142 (2008), pp. 138 - 52.

同时,北爱尔兰议会在贝尔法斯特的斯托蒙特(Stormont)成立,对大多数北爱尔兰内部事务拥有司法管辖权。此外,北爱尔兰将继续选举12名代表进入英国议会,并且英国议会对尚未下放的事务保留立法权,同时还负责制定北爱尔兰地区的大部分政策议程。国王任命总督,由总督代行国王权力,以建立一套有利于巩固联合派新教精英统治的政治体制。在 1921 至 1969 年间的 12 次选举中,阿尔斯特统一党(Ulster Unionist Party)赢得的席位从未少于 52 席中的 32 席,而拥护民族主义和共和主义的反对党通常只能获得 10 到 12 个席位(造成席位悬殊的一个重要原因是:选区的边界受到人为操纵,使选举结果有利于联合主义)。实际上,政党竞争的影响力有限,并未能对上层的统治产生实质的影响。詹姆斯·克雷格爵士(Sir James Craig)在 1921 至 1940 年间一直担任北爱尔兰总理,而在此后的 1943 至 1963 年间,这一职务由巴兹尔·布鲁克爵士(Sir Basil Brooke)接任,唯有约翰·安德鲁斯(John Andrews)夹在二人之间短暂地任职三年。克雷格(被封为克雷格子爵)和布鲁克(获封克雷格子爵)十分清楚,他们肩负的职责是捍卫北爱尔兰新教的利益,坚决反对南侧天主教邻居的主张。克雷格在 1934 年 4 月告诉北爱尔兰下议院(the Northern Irish House of Commons):"他们鼓吹南爱尔兰是一个天主教国家,而让我引以为豪的是,我们的议会由新教徒组成,我们的国家也是一个新教国家。"[①]

保护新教徒利益这一宗旨渗透进北爱尔兰政权的方方面面。北爱尔兰皇家骑警队(Royal Ulster Constabulary)几乎完全由新教徒组成,被频繁用来镇压天主教与民族主义组织。在公共资源的分配上,天主教化程度更高的西部区受到了不公正的对待。另外,对天主教徒的歧视在就业与住房方面同样表现得十分明显,但北爱尔兰当地对此基本视而不见。面对北爱尔兰的宗派歧视,南方的爱尔兰自由邦通常还之以暴力,主要依靠爱尔兰共和军(the Irish Republican Army, IRA)开

120

---

① Jonathon Bardon, *A History of Ulster* (Belfast: The Blackstaff Press, 1992), pp. 538 – 9.

展暴力活动。1956 至 1962 年间，爱尔兰共和军发起"边境战役"(border campaign)，袭击了北爱尔兰境内的法院、警察局和军事目标。这场"民族解放斗争"宣称要建立"一个独立、统一、民主的爱尔兰共和国"。① 对此，北爱尔兰政府在未开庭审判的情况下直接拘禁了数百名共和主义者。"边境战役"在 20 世纪 60 年代初逐渐平息，到了 1963 年，随着自由派改革家特伦斯·奥尼尔（Terence O'Neill）被任命为总理，两国关系改善的前景变得明朗起来。奥尼尔致力于改善新教徒和天主教徒之间以及南北爱尔兰之间的关系。但没过多久，他就发现，想要实现自己的抱负，还需要克服重重困难。

北爱尔兰问题("*The Troubles*")

121　　20 世纪 60 年代，一系列地缘政治、智识与经济因素动摇了英国的统治现状。在全球范围内，争取民族自决的呼声日益高涨，逼退了帝国主义在各殖民地的势力，亚洲和非洲被压迫的地区趁机纷纷宣布独立。曾经，大英帝国为帝国内的所有个体提供了实现自我发展、创造财富和追求冒险的机会，让所有人形成了一种高"外人"一等的优越感。但现如今，随着大英帝国的解体，大部分机遇之门已被堵死，人们只得将注意力转移到英国内部发展不平衡上来。于是，上至民族，下至个人，都在更加积极地捍卫自身的权利，为反对歧视发起了一系列斗争。这一时期，美国反种族歧视民权运动风起云涌，极大地鼓舞了其他社会组织，并为后者提供了一种全新的抗争语言和诸多务实的斗争策略。人们开始畅想全新的未来，并着手从新的视角阐释历史。这些全球性变革发生之时，正值战后经济增长陷入低迷之际。苏格兰、威尔士和北爱尔兰的经济多元化程度不及英格兰，因此受到的冲击更大。采矿业、造船业和纺织业承受的压力最大，对贝尔法斯特、格拉斯哥、斯旺西和加

122　的夫等城市产生了重大影响。有人认为，联合王国政府在英国各地的

---

① https://www.irishnewsarchive.com/wp/irish-republican-army-ira-begins-the-campaign-of-resistance-to-british-occupation-11-december-1956.

投资既不充分也不公平,从而加剧了许多人对地方与伦敦关系的失望情绪。

北爱尔兰的宗派分裂问题、结构性歧视问题以及政治暴力问题由来已久。但在 20 世纪 60 年代,这三大类问题变得尤为突出,达到了有史以来最为严重的程度。在宗派问题方面,新兴组织在奥尼尔改革精神的鼓舞下,反对天主教社群遭受的不公正对待。"社会正义运动"(the Campaign for Social Justice)肇始于 1964 年,北爱尔兰民权协会(Northern Ireland Civil Rights Association, NICRA)于 1967 年成立后,接过了该运动的大旗。在牧师伊恩·佩斯利(Ian Paisley)的领导下,强硬联合派坚决捍卫自身立场,既反对新兴的社会运动,也时刻警惕奥尼尔政府可能出现的倒退。佩斯利于 1966 年 4 月创立阿尔斯特立宪防御委员会(Ulster Constitution Defence Committee)。支持大不列颠和北爱尔兰联合者组成的准军事组织,如阿尔斯特新教志愿军(the Ulster Protestant Volunteers, UPV)和阿尔斯特志愿军(the Ulster Volunteer Force, UVF),也于同一时间成立。在这种剑拔弩张的局势下,各方的紧张对峙逐渐升级为暴力冲突。1968 年 10 月,北爱尔兰民权协会在伦敦德里郡举行游行示威,高呼口号"把德里还给天主教徒",结果遭到北爱尔兰皇家骑警队及其所辖防暴队——"B 特"(B-Specials,全称为 Ulster Special Constabulary,即"阿尔斯特特别保安队")的严密监控。游行期间,手无寸铁的抗议者遭受军警殴打,这样的场景经过媒体转播,被全英国乃至全世界人目睹,从而将"北爱尔兰问题"推上了英国的政治议程。但冲突并没有至此结束,反而愈演愈烈。1969 年 8 月,新教徒在德里举行游行示威,各方多次爆发冲突,"B 特"以此为由,袭击了天主教徒聚居的"博格赛德"(Bogside)街区。面对人身财产安全遭受严重侵犯,街区内的居民架起路障,最终击退了来犯的军警。与此同时,北爱尔兰各城镇纷纷爆发激烈的冲突,贝尔法斯特境内至少 6 人在此轮冲突中身亡。哈罗德·威尔逊领导的工党政府迅速回应,派出英国军队重新掌控局势,并将德里和贝尔法斯特境内的交战各方分开控制。显然,北爱

123

尔兰现有的政治结构无力掌控时局,军事干预是唯一可行的解决办法。

军事干预虽然带来了短暂的平静,却引发了新的紧张局势。随着各地暴乱愈演愈烈,在"边境战役"结束后一直保持低调的爱尔兰共和军重出江湖,但内部在斗争目标上产生了分歧,并最终发生分裂。爱尔兰共和军临时派(the Provisional IRA)于 1969 年 12 月成立,并迅速发展成为北爱尔兰境内最为活跃的极右组织。"临时派"将英国军队视为非法占领军,试图动用军事策略将其逐出北爱尔兰。为了抑制爱尔兰共和军的活动,英国军队对天主教徒聚居区采取强硬的干预手段,并于 1971 年 8 月在未开庭审判的情况下采取拘禁措施,结果事与愿违,不仅没有缓和局势,反而使"临时派"的立场变得更为激进。政治激进化现象在联合派当中同样存在。1971 年,伊恩·佩斯利创立激进的民主统一党(Democratic Unionist Party, DUP),造成联合派分裂。与此同时,阿尔斯特防卫协会(Ulster Defence Association, UDA)成立,负责联合各个新教准军事组织的行动。截至 1971 年末,超过 170 人在"北爱尔兰问题"中丧生。1972 年 1 月 30 日,英军伞兵团第 1 营(1st Battalion, Parachute Regiment)朝德里境内手无寸铁的民权游行队伍开火,导致 14 名天主教徒遇难,从而将英国推上了风口浪尖,致使英国政府在"北爱尔兰问题"上再也没有退路。事后,一份调查报告公开表示,英军的行为"不可原谅"。[①] 天主教社群被彻底激怒,再也不相信英国军队会保持中立。作为回应,爱尔兰共和军将炸弹袭击的范围扩大至英格兰本土。1972 年 2 月,奥尔德肖特(Aldershot)境内伞兵团基地遭遇炸弹袭击,造成 7 人死亡。以此次袭击为开端,英格兰境内爆发了一系列造成平民伤亡的袭击事件。在接下来的 3 月份,英国首相希思解散北爱尔兰议会,改为对北爱尔兰实行直接统治。直到 20 世纪结束前几个月,北爱尔兰权力下放政府才得以回归。

受篇幅所限,本书无法详尽地探讨"北爱尔兰问题"在接下来二十

---

①· https://www.gov.uk/government/publications/report-of-the-bloody-sunday-inquiry.

年里的跌宕起伏。这段历史并不完整且一直存在争议,直至目前,仍陆续有资料揭露军队及准军事组织的行径。各方也为达成一致进行了各种各样的尝试。1973 年 3 月,北爱尔兰举行独立公投。在被问及是否愿意留在英国时,几乎所有人都表示"愿意",同意留在英国的人数占参与投票人数的 98.9%。但公投结果出来后,"同意留英"的得票率却只有 58.6%,并且这次公投遭到了绝大部分天主教社群的抵制。最终,英国政府"通过公投将边界问题移出政治议程"的愿望破灭。[①] 1973 年12 月,各方达成《桑宁代尔协议》(Sunningdale Agreement),同意建立采用"权力分享"方案的行政机构,但该协议于次年 5 月作废。1982 年,各方再次作出尝试,但同样难逃失败的命运。1985 年 11 月,撒切尔夫人和爱尔兰总理加勒特 · 菲茨杰拉德(Garret FitzGerald)签署《英爱协议》(Anglo-Irish Agreement),确认"北爱尔兰地位的任何改变,只有在北爱尔兰大多数人同意的情况下才会发生",同时还建立了伦敦和都柏林之间就相关问题进行讨论的机制。尽管双方都向前迈出了一步,但未能为推动贝尔法斯特境内的"爱尔兰问题"取得实质性进展奠定任何基础。此后,暴力活动仍在继续,导致双方根本不可能进行建设性的接触。而在英格兰本土,持续不断的炸弹袭击引爆了舆论,绝大多数民众坚决反对向民族主义者让步。1974 年,爱尔兰共和军在吉尔福德(Guildford)与伯明翰的酒吧内引爆炸弹,造成 26 人身亡。仅1979 年一年内,英国就发生了两起暗杀事件,其中一起是撒切尔夫人的心腹——国会议员艾雷 · 尼夫(Airey Neave)遭遇爱尔兰民族解放军(the Irish National Liberation Army, INLA)发起的汽车炸弹袭击,另一起是英国女王的堂兄蒙巴顿勋爵(Lord Mountbatten)被爱尔兰共和军刺杀。1984 年 10 月,保守党在布莱顿(Brighton)的格兰德酒店(the Grand Hotel)开会,爱尔兰共和军趁机发动炸弹袭击,造成 5 人死亡,撒切尔夫人本人险些在袭击中丧命。针对此类暴力活动,爱尔兰共

---

① David Torrance, '"Taking the Border out of Politics" — the Northern Ireland Referendum of March 1973, 21 November 2019', https://constitution-unit.com/2019/11/21/taking-the-border-out-of-politics-the-northern-ireland-referendum-of-march-1973/.

和军辩解称,他们之所以这么做,是因为英国有错在先——英国引入迪普洛克法庭(Diplock Courts),在没有审判团的情况下直接审判仅有嫌疑的准军事组织成员,并且剥夺了囚犯的政治权利,这种做法破坏了正当的司法程序。1981 年 3 月,被关押的爱尔兰共和军成员因对监狱提供的待遇感到不满,发起绝食示威,鲍比·山兹(Bobby Sands)在这场斗争中去世,其他 9 名被关押在此的共和主义者也纷纷效仿。综上所述,双方针锋相对的斗争,其实都建立在根深蒂固的历史阐释之上,而这些历史阐释围绕的核心是英国干预北爱尔兰的合法性问题。太多人被卷入这段无休止的恩怨之中,他们做好了诉诸武力的准备,以实现自己所设想的未来愿景。1969 至 1998 年间,超过 3 500 人因此丧生。

苏格兰与威尔士的民族主义

在苏格兰和威尔士,民族主义思潮的发展远没有北爱尔兰那么引人注目。但自 20 世纪 60 年代中期以来,两地的民族主义情绪明显抬头。受其影响,越来越多的人更加确信,英国的宪政体制已经过时,亟须改革。在威尔士,争取语言权利仍居于民族主义思潮的核心。1963 年,威尔士语言社团(Welsh Language Society)成立,扛起了为威尔士语争取权利的大旗,并针对政府和地方当局的建筑物不提供威尔士文信息的现象,发起了静坐和游行示威。抗议人士在英文路牌上涂鸦,以抹除英文内容。1965 年,英国政府为了解决利物浦用水问题,在卡佩尔西岭村(Capel Celyn,位于格温内思郡[Gwynedd]巴拉镇[Bala]附近)修建水库蓄水,造成整个村庄被淹,导致威尔士境内民怨沸腾。威尔士议员联合起来在威斯敏斯特发起抗议,但依旧未能推翻英国政府的决议。在苏格兰,作为英国的核威慑力量,"北极星"弹道导弹核潜艇从 1961 年起,就一直停靠在阿盖尔郡(Argyll)的霍利湾(Holy Loch)基地,从而激起了和平运动人士与民族主义者的反对。在他们看来,冷战期间的核对抗随时可能爆发,伦敦政府这么做,等于直接将苏格兰推上核战争的前线。与此同时,格拉斯哥克莱德河(Clyde)

126

127

沿岸造船厂的处境日益困难,加重了人们对苏格兰工业前景的担忧。其中,一家名为"费尔菲尔德"(Fairfields)的大型造船厂于 1965 年宣布破产。

无论是在威尔士还是苏格兰,得益于民族主义在大选中取得的重大突破,上述不满与担忧不仅被公之于众,而且被提上了英国政府的政治议程。1966 年 7 月,格温弗·埃文斯(Gwynfor Evans)在卡马森(Carmarthen)选区补缺选举中意外击败工党,成为威尔士党在议会中的首位议员。随后,在 1967 年的西朗达(Rhondda West)选区和卡菲利(Caerphilly)选区的补缺选举中,工党的多数席位优势进一步受到动摇。与此同时,1967 年 11 月,威妮弗雷德·尤因(Winifred Ewing)在汉密尔顿选区的补缺选举中获胜,为苏格兰民族党赢得了自 1945 年以来的第一个席位,但这一振奋人心的胜利并非巧合——早在几个月前的格拉斯哥波洛克(Pollok)选区补缺选举中,苏格兰民族党的表现就已经十分出色。上述胜利虽然发生在不同的地区,但出现的时间却十分接近。这显然不是巧合,值得我们注意。1967 年,威尔士政府通过一项威尔士语法案,取消对于在官方文档与文件中使用威尔士语的限制。保守党党魁爱德华·希思也发现了取得选举优势的机会,于是在1968 年 5 月提议建立一个由直接选举产生的苏格兰议会。英国政府对此提案作出回应,组建了皇家宪法委员会(Royal Commission on the Constitution),由基尔布兰登勋爵(Lord Kilbrandon)担任主席。至此,人们愈发相信,英国的现状将不会维持太久。

时间来到 20 世纪 70 年代,受到经济危机的影响,英国国内形势变得对联合派不利。这一时期的通货膨胀与失业问题可归咎于伦敦的决策失误与疏忽大意。与此同时,北海福蒂斯油田(Forties Oil Field)的发现,进一步扭转了各派之间的斗争形势。苏格兰民族党趁机打出响亮的口号——"苏格兰自己的石油"。对于目睹主要行业发生结构性衰退的苏格兰人来说,这种从"黑金"中获益的逻辑似乎非常具有说服力。自从在 1970 年的大选中赢得一个席位后,苏格兰民族党一路高歌猛进,先在 1974 年 2 月赢得 7 个席位,后又在 1974 年 10 月赢得 11 个席位,得票率超苏格兰选民的三成。同样在 1974 年 10 月的大选中,威尔士党击败威尔士境内的自由党,赢得了 3 个席位。纵观 70 年代,政治形势变得十分有利于权力下放。1973 年,基尔布兰登委员会曾建议在苏格兰与威尔士设立直接选举产生的议会,而到了 1976 年,威尔士政府已经向议会提交立法法案,准备落实委员会的建议。此举持续引发巨大争议,导致议会在接下来的两年内,耗费了大量时间讨论该法案。最终,法案被驳回,政府只得重新提交新的法案。但在新法案获得批准前,另一项与政府提案背道而驰的修正案抢先通过了议会的审批。根据该案的规定,政府想要实行权力下放,必须在每次大选中至少获得 40％的"赞成"票。事实证明,这一决议影响深远。在 1979 年 3 月 1 日的投票中,33％的苏格兰人投了赞成票,31％的人投了反对票,另有 36％的人选择弃权。反观威尔士,投赞成票的人数仅占 12％,47％的人投了反对票,而弃权比例高达 41％。对于参与竞选的各方来说,这样的投票结果无疑是一场灾难,意味着权力下放被移出了政治议程,在短时间内根本不可能实现,过去十年间好不容易形成的有利形势就此丧失殆尽。经济危机在动摇了伦敦统治权威的同时,也在更大的范围内损害了英国宪政体制的公信力。无论在苏格兰还是威尔士,选民普遍认为,无论哪一届议会或哪些政客上台,都不会给他们的生活带来任何改变。受此影响,在 1979 年大选中,苏格兰民族党和威尔士党在议会中的席位均锐减至 2 个,而在接下来 40 年里,苏格兰始终无法重现 1974 年 10 月大选的辉煌。

20 世纪 70 年代的权力下放愿景不过是大梦一场,动摇英国宪政体制的力量却一直存在。对许多威尔士人和苏格兰人来说,20 世纪 80 年代更加难熬,他们从中着实体会到了防范权力集中的必要性——撒切尔政府既无意支持衰落的产业,也拿不出有效的方案应对斯旺西与格拉斯哥等地不断攀升的失业率,甚至还在 1984 至 1985 年的矿工大罢工期间,动用铁腕手段镇压矿工,并出台了一系列偏向伦敦和英国东南地区的经济政策,从而挫伤了众多工人阶级社群的感情,致使他们与政府离心离德。更为过分的是,工党政府在苏格兰率先推行广受诟病的"人头税"（poll tax），意图通过按人丁而非财产收税的方式增加地方政府的财政收入。此举带有明显的挑衅色彩，引发了苏格兰民众的愤怒。经过保守党政府这样一番折腾后，保守主义的支持率急剧下降：在 1979 年 5 月的大选中，保守党在苏格兰赢得 22 个席位，在威尔士赢得 11 个席位，虽然工党在这两地的得票数都只是工党得票数的一半，但依旧遥遥领先其他竞争对手。不过，报应终究在 1997 年这一年到来——保守党在苏格兰和威尔士两地均未赢得任何席位。从此，保守党退化为一个英格兰地方政党，英国政局也因民族问题而面临前所未有的撕裂。

新宪政解决方案

托尼·布莱尔领导的新工党承诺改革英国宪法和在苏格兰建立民选议会，因此得到了选民的支持，最终以绝对优势赢得大选，组建新一届政府。"权力下放"非常符合莱尔的战略意图，既与他的政治口号相吻合，又能体现他同撒切尔主义划清界限的决心，同时还有可能提升工党在苏格兰与威尔士两地的支持率。于是，新一轮公投被迅速组织起来。为了避免 1979 年的公投悲剧重新上演，积极分子开始游说民众。在他们的鼓动下，苏格兰和威尔士的民众纷纷支持布莱尔政府的战略意图。在苏格兰，投票结果呈现出一边倒的局面——公投参与率达到了 60%，其中 74.3% 的人支持建立苏格兰议会，并且有 63.5% 的人赞同苏格兰议会掌握增税权。反观威尔士，威尔士议会的权力本就比苏格兰议会小许多，支持威尔士议会的意见也只是取得险胜——公投参与率仅为 50.1%，且只有 50.3% 的人投了赞同票。在接下来的 1999 年 5 月大选中，工党同时成为苏格兰议会与威尔士议会中的多数党。与此同时，苏格兰民族党和威尔士党轻松击败保守党，在各自议会中的地位仅次于工党。此后，为了平衡英国大选一直采用的"简单多数票制"（first-past-the-post），同时扩大女性议员所占比例，英国引入了"比例代表制"（proportional representation）。2002 年，威尔士议会 52% 的当选议员为女性，该议会因此成为世界上第一个在构成比例上实现

131

男女平等的议会。① 改革后的选举制度鼓励建立联合政府，而工党与自由党联合执政也成为苏格兰与威尔士两地早期政府的一大特征。

权力下放政府逐渐利用其权力制定了有别于英格兰的政策，尤其是在教育和卫生领域。苏格兰抵制教育市场化和考试制度。苏格兰政府不向本地学生征收大学学费，并为残疾人和老年人提供免费的社会护理。威尔士政府为威尔士大学生提供生活补助，努力改善儿童保育条件，并为护工提供必要支持。尽管两地政府都不可避免地遭受一些质疑与批评，但二者很快就被人们接纳，成为宪政体制的一部分。两地政府均能够扩大其职权范围，这就是权力下放取得成功的最有力证明。在 2011 年 3 月的全民公决中，威尔士选民欣然支持扩大威尔士政府的权力。与此同时，2012 年的《苏格兰法案》(Scotland Act)赋予苏格兰政府更大的财政权力。十多年后，权力下放政府不仅稳固了自己的地位，还准备在必要时向威斯敏斯特发起"进攻"。

不过，新工党在宪政体制上取得的最大胜利，是在解决北爱尔兰问题上迈出了重要一步。到了 20 世纪 90 年代，北爱尔兰与英格兰本土的暴力活动虽仍在继续，但各方深感力不从心，对抗逐渐陷入僵局。与此同时，北爱尔兰广大民众经历了 20 年的战乱，对和平充满渴望。在这种背景下，英国政府代表与新芬党(Sinn Féin,爱尔兰共和军的正式政治组织)举行秘密谈判。最终，新芬党宣布，爱尔兰共和军同意"完全停止敌对军事行动"，联合派准军事举止也纷纷跟进。此次停火虽然仅持续了不到两年的时间，但为各方的进一步沟通奠定了基石。在此基础上，种种有利因素聚合在一起，为英国在北爱尔兰问题上取得突破准备了条件：首先，以苏格兰事务大臣莫·摩兰姆(Mo Mowlam)为代表的新一届伦敦政府雷厉风行，而摩兰姆本人以擅长谈判著称；其次，这一时期的联合派领导人大卫·特林布尔(David Trimble)与民族主义领袖(格里·亚当斯[Gerry Adams]和马丁·麦吉尼斯[Martin McGuinness])思想开明，顾全大局；最后，美国克林顿政府在北爱尔兰

---

① Thane, *Divided Kingdom*, p. 428.

问题上给予了大力支持。最终,各方于 1998 年 4 月签订《耶稣受难日协议》,在坚持"北爱尔兰的地位只有在其人民同意的情况下才能发生改变"原则的前提下,针对建立权力共享议会、解除武装进程、提前释放俘虏和全面审查治安与司法体系等议题,制定了具体方案,并规定爱尔兰岛南北之间应定期举行部长级会议。为此,爱尔兰共和国正式放弃了对爱尔兰岛主权的主张。1998 年 5 月,全民公投高票通过了《耶稣受难日协议》——此次公投的民众参与率达到 81.1%,共有 71.1% 的人投了赞同票。公投结束后,爱尔兰立刻举行了议会选举。北爱尔兰统一党成为议会第一大党,该党党魁大卫·特林布尔因此成为首席部长,而社会民主党(Social Democratic and Labour Party, SDLP,推崇民族主义)的谢默斯·马伦(Seamus Mallon)则当选为首席副部长。

在解决北爱尔兰问题上,工党虽然向前迈出了重要一步,但前路并不平坦——最初设立行政机构的设想被搁置,议会在此后多年间多次被叫停,暴力活动也没有彻底从北爱尔兰街头消失。不过,各方逐渐养成了通过政治合作解决问题的习惯。得益于此,北爱尔兰和平进程中出现了一些前人难以想象的重大历史性时刻——2007 年,长期以来持激进立场、坚决反对妥协的联合主义者伊恩·佩斯利接任首席部长,而担任其副手的是新芬党的马丁·麦吉尼斯(Martin McGuinness,曾任爱尔兰共和军领袖),两人建立起紧密的工作关系。更令人感到不可思议的是,伊丽莎白女王于 2016 年访问了北爱尔兰。要知道,爱尔兰共和主义者长期以来将英国王室视为英国地区压迫政策的象征,爱尔兰共和军因此刺杀了英国女王的堂兄蒙巴顿勋爵。如今,麦吉尼斯与英国女王互致问候的一幕,向外界传递出强烈的信号——北爱尔兰和平进程翻开了历史性的一页,崭新的未来愿景已经绘就。

134

紧张局势重现

新工党改革宪政体制的举措虽然在短期内取得了显著成效,但并未达到宪政体制缔造者们的预期,无法提供长期稳定且持久有效的解决方案。这一点在苏格兰表现得尤为明显——权力下放的初衷是为了提供一种抑制地方势力防范独立风险的手段，最终达到阻挠地方独立运动、实现联合的目的。按照宪政体制设计者的预期，即使推崇民族主义的苏格兰民族党赢得选举加入政府，也必须得和坚持联合主义的其他政党合作。然而，苏格兰民族党凭借娴熟的政治斗争手段，取得了相对于其他竞争对手的绝对优势。2007 年，苏格兰民族党组建少数党政府，亚历克斯·萨尔蒙德（Alex Salmond）担任首席部长。四年后，苏格兰民族党再次赢得选举成为多数党，并趁机于 2014 年 9 月发起了苏格兰独立公投。本次公投的参与率高达 84.6%，55.3% 的选民反对独立，44.7% 的选民投了赞同票。虽然本次公投以反对独立取得胜利而告终，但投票的结果给了盲目自信的联合派狠狠一记耳光——反对票与赞同票之间的差距远远低于他们的预期，大量选民对权力下放感到不满，即便冒着经济衰退与地方财政出现危机的风险，也要谋求苏格兰独立。这一现象表明，当代的苏格兰身份认同经过过去几十年的演进，已经足以同英格兰精英的偏狭心理以及伦敦中心论相抗衡。这一点在大选中得到了充分的体现，工党像二十年前的保守党那样大失民心——2010 年大选时，工党在苏格兰赢得了 21 个席位，而到了 2015年，工党仅赢得了一个席位。相比之下，苏格兰民族党取得了史无前例的巨大胜利，赢得 59 个席位中的 56 个！不可否认的事实是，自 2007年参与组建政府以来，苏格兰民族党的地位在 2021 年再次得到提高，表明英国的政治格局正在被重塑。该党之所以能持续取得成功，背后的一个关键性因素是其间接受益于 2016 年的英国脱欧公投结果。当年，每一个苏格兰选区都支持"留欧"，苏格兰最终以"62% 的人赞同留欧"对"38% 的人反对留欧"的巨大票数悬殊，在联合王国各邦中脱颖而出，对公投结果产生了最为关键的影响。尽管如此，伦敦最终还是罔顾投票结果，硬生生地将苏格兰拉出了欧盟。对于苏格兰民族党来说，这是一个千载难逢的好机会，因为再也没有比这件事本身更好的例子可以说明为什么苏格兰需要独立，以及 2014 年公投的裁决结果为什么没有如联合派所愿，让苏格兰问题在"一代人"的时间内得到解决。

"英国脱欧"同样在北爱尔兰境内引发严重紧张局势。出现这样的现象，表面上是因为北爱尔兰像苏格兰一样投了"留欧"票，但归根到底还是因为北爱尔兰和爱尔兰共和国都在不惜一切代价寻找解决边界问题的方案。《耶稣受难日协议》原本已经取消了北爱尔兰与爱尔兰共和国之间任何形式的硬边界（hard border，即不设任何实体的边界基础设施及边检站），但在英国脱欧后，英国北爱尔兰地区与欧盟成员国爱尔兰的边界将成为英欧之间唯一陆地边界。在与欧盟进行一系列激烈的谈判后，鲍里斯·约翰逊政府决定采用灵活手段破解"脱欧"带来的边界难题，遂承认北爱尔兰将留在单一市场区内，以防爱尔兰岛内出现陆上"硬边界"。从此，爱尔兰海面上出现了一道事实边界，英国大不列颠岛进入北爱地区的部分商品，需接受《北爱尔兰议定书》（Northern Ireland Protocol）规定的海关安全检查。此举严重损害了北爱尔兰在联合王国内地位，引发了北爱尔兰境内联合主义者的愤怒。许多人甚至预言，爱尔兰将在一代人的时间内实现完全统一。

苏格兰公投与脱欧谈判表明，伦敦在联合问题上未能凝聚共识形成统一愿景。新工党的权力下放措施无法解决英格兰如何融入联合王国宪政体制的难题。在英格兰民族主义情绪日益高涨的背景下（这种情绪在欧洲怀疑论者的竞选活动与反对苏格兰民族党的政治口号中表现得尤为明显），英国议会于 2015 年同意"英格兰人民为英格兰法律投票"提议（English Votes for English Laws，EVEL），从而确立了如下原则：议会若要通过只对英格兰产生影响的立法，必须得到绝大多数代表英格兰选区的议员的支持。然而，到了 2021 年，"英格兰人民为英格兰法律投票"提议就被约翰逊政府推翻。取而代之的是，大曼彻斯特（Greater Manchester）、利物浦、谢菲尔德和西米德兰兹郡等地引入了直接选举市长的制度，进一步巩固了权力下放措施。但总的说来，当下英国的宪政措施依旧只是权宜之计，缺少长远的系统性规划。正如剑桥大学在 2021 年的一项重要研究中所指出的那样，伦敦在处理其与英国其他地区的关系时，仍然存在一种"临时应付"的心理，过度依赖非正式的秘密渠道，没有将制定长远的国家统一战略放

137

在首位。① 在应对新冠疫情的过程中,国内不同势力各自为政,使这一问题变得更加突出。无论是谋求英格兰独立的竞选者,还是力争实现爱尔兰统一的政治家,他们对未来的大胆设想似乎越来越具备得以实现的现实基础。综上所述,对于国家的未来,英国政府既无法擘画出令人信服的详尽蓝图,也难以制定可持续的宪政措施来实现权力的共享。在这种情况下,联合主义者想要实现自己的目标,就只能依靠传统的力量与昔日的胜利,但这些手段能否在中长期内充分调动各方的积极性,我们不得而知。

---

① *Guardian*, 12 April 2021, https://www. theguardian. com/politics/2021/apr/12/union-in-peril-as-pm-speaks-for-england-alone-former-civil-servant-warns.

第五章 民众力量

1945 年以后,特别自 20 世纪 60 年代以来,威斯敏斯特的政客发 138
现,他们越来越难以掌控政治议程。造成这一现象的原因有很多,如各
政党的党员人数显著下降,选民的立场摇摆不定,国家机关在民众中的
公信力下降,民众在自己感兴趣的议题上有了更大的发言权。媒体为
政治辩论提供了新的平台,使中央政府和地方当局难以掩盖国家在运
转中出现的种种问题。议会之外的社会运动团体找到了接触民众并通
过煽动民众向决策者施压的新途径。他们发起的社会运动通常能够产
生极大的社会影响力,既能够鼓动民众畅享未来,也可以号召人们挑战
传统。虽然这些运动有时只是想推动自上而下的立法改革与新政,但
还是在思想文化领域产生了潜移默化的影响,比如说服大众接受新思
想并改变其行为。此外,无数社会个体看似不起眼的日常行为累积在一 139
起,也会量变引起质变,促成重大的政治与社会变革,例如反对重男轻
女,在与不同背景或不同信仰的人交往时保持包容的心态,坚持旧物再
利用杜绝浪费等。相比暴风骤雨的激变,这类自下而上的变革虽然缓慢
且在各地的进展不一,却有着润物无声的力量,可以让几代人广泛地接
受思想观念的变化。不过,新的思想观念往往会激发焦虑情绪,继而引
发社会争议:一部分人认为,传统的做法既然在过去有用,那么就应当被
保留下来,而另一部分人则立即行动起来改变自己的行为,因为他们总

担心会被时代落在后面沦为"明日黄花"。保守派将倡导变革者斥为"放任派""赶时髦的自由分子""大搞政治正确之徒"和"一群刚刚睡醒的浅薄之人"。这场争论在社会运动团体和社会活动家的推动下，一直持续至 20 世纪 60 年代末，被称为"文化战争"。虽然用"保守派"和"开明派"来称呼这场争论中的两派未免有些草率，但至少可以反映这场争论所蕴含的政治意义——1945 年之后，英国许多重大变革都根植于此。

140　　本章将深入探讨三场产生重大影响的社会运动：女权运动、反种族主义运动和环保运动。这些运动既不是在战后才兴起，也并非英国所独有。部分运动，如女权主义运动，早在二战结束前已取得了令人瞩目的成果。二战结束后，伴随着人口、资源在全世界的流动，以及斗争策略的扩散，激进主义与改良主义思潮席卷全球，如果我们不去考察这类运动对公共及私人生活的影响，就无法读懂 1945 年以来的英国历史。在二战结束后的七十五年里，女性以及有色人种的地位有所改变。虽然歧视与不平等现象依然十分普遍，但大众的态度已经发生了极为明显的转变，社会风气的方方面面也焕然一新。与此同时，对于人类活动给环境造成的影响，我们的认识也在不断深入。截至 21 世纪 20 年代初，以下行为对环境造成危害的事实，几乎已尽人皆知：燃烧化石燃料以驱动交通工具的过程会产生碳排放；发展工业和农业会释放大量甲烷；在一个过度消费（hyper-consumerist）的社会里，人们每天会制造出不计其数的塑料垃圾。在这种共识的基础上，英国与世界其他各国一样，一直在致力于实施碳减排战略。在英国政府的努力下，回收利用旧物也已成为民众日常生活的一部分。以上理念在各类社会活动的推动下，已经深入人心。不过，对于接下来需要做些什么，以及各项事业的轻重缓急，广大公众仍存在巨大的分歧，他们因此发出了种种困惑——实现社会平等还有多长的路要走？英国应该以怎样的速度加快

141　　实现碳中和？如何在未来发展与当下需求之间找到平衡？所有社会运动的终极目标都是寻求深远的结构性变革，在此过程中，个体被灌输了这样一种思想：个体行为的累积终将促成社会的质变。因此，英国的民众常常会对干预社会良俗与个体日常生活的激进行为产生警觉。

女权主义

女权主义,即通常意义上所说的"提倡男女平等",在英国有着悠久的传统,最早可追溯至 1792 年,当时玛丽·沃斯通克拉夫特(Mary Wollstonecraft)发表了一篇题为《女权辩护》(*A Vindication of the Rights of Woman*)的论文。到了 19 世纪后半期,声势浩大、形式多样的女权运动在英国各地蓬勃兴起,旨在为女性争取平等的受教育权与就业权,以及革除婚姻法中的不平等现象,同时保护妇女和儿童免受性虐待。不过,这场运动最重要的目标,还是为女性争取选举权。在 20 世纪的第一个十年里,妇女社会政治联盟(Women's Social and Political Union,WSPU)的"妇女参政权论者"(suffragette)以及相关团体,通过最直接有效的行动(如罢工和抗议),将妇女的选举权推上政治议程。与此同时,全国妇女选举权联盟(the National Union of Women's Suffrage Societies,NUWSS)发起的和平游说活动,也在转变社会观念的过程中发挥了同等重要的作用。一战期间,女权运动一度中断。一战结束后,妇女的选举权逐步得到承认——1913 年,30 岁以上妇女率先获得选举权,到了 1982 年,选举权扩大至 21 岁以上妇女,赋予女性与男性相同的参政地位。1919 年,南茜·阿斯特(Nancy Astor)成为英国历史上第一位下议院女议员。此后不久,英国法律经过修订,废除了针对女性的种种职业限制,消除了离婚程序中的性别歧视,同时强化了母亲对子女的监护权。以上被统称为"第一波"女权运动,但用"波"来形容女权运动,存在两处不妥,一是割裂了女权运动在形式与思想上的延续性,二是误将女权运动的受关注度当成了运动的影响力。但实际上,正如笔者在前文所述,一场变革的持久影响力,并不在于受到了多大的关注,而在于个体的身体力行——许多妇女在赢得选举权后,便肩负起在日常生活的各个方面捍卫女性权利的责任。即使倡导女权的团体没有像"妇女参政权论者"那样高调地被登上报纸头条,女权运动也没有在 20 世纪中期消亡。相反,在社会运动团体的极力推动下,保守党政府于 1954 年接受了"公共部门同工同酬"原则。

142

然而,受错误观点的影响,像"六点团体"(the Six Point Group)和"福塞特协会"(Fawcett Society)这样的老牌女权组织很难招募到大量的年轻女性。因为人们普遍认为,随着选举权斗争大获全胜,女权运动的主要战斗早就以胜利告终,女权主义已经是"明日黄花"。

143　　不过,上述观念在 20 世纪 60 年代发生了重大转变。这十年间,权力、平等和赋权等词语激励着世界各地的边缘人群和被压迫群体。在此背景下,女权主义重新兴起便也不足为奇。这一时期英国的社会运动能够蓬勃发展,主要是受到了美国同类运动的刺激。1963 年,美国记者贝蒂・弗里丹(Betty Friedan)出版《女性迷思》(*The Feminine Mystique*)一书,用尖锐的言辞揭示了妇女的生活现状——终日被困在琐碎家务与母亲身份之中,缺少成就感,常常感到心灰意冷。她在书中指出,"奇怪的是,现实生活与理想之间总是存在差距,我们总也成为不了广告和大众媒体所宣扬的那种幸福家庭主妇"。[①] 弗里丹日后成为美国全国妇女组织(the National Organization of Women)的首任主席,该组织成立于 1966 年,其宗旨是为妇女争取平等权利。同时期其他的组织(立场通常比较激进)在表述女权运动时,会采用另一个含义更为宽泛的术语——"女性解放"(Women's Liberation)。1968 年,恰逢世界小姐选美大赛在美国的大西洋城(Atlantic City)举办。女权主义者聚集在赛场外发起抗议活动。她们挥舞胸罩,将其扔进所谓的"自由垃圾桶"(Freedom Trash Can),以反对用刻板性别形象禁锢女性身体。在场不怀好意的记者误以为她们是在烧胸罩,因而杜撰出带有贬义色彩的"火烧文胸"(bra-burning)一词,导致在此后的几十年里,"火烧文胸"一直同女权主义者联系在一起。此事发生后,世界各地女性虽然不太认同这家大男子主义媒体的措辞,但还是从中受到了鼓舞,纷纷开始采取行动。

　　推动英国女权运动高涨的幕后原因有两个,第一个源于参与劳工

---

① Betty Friedan, *The Feminine Mystique* (Harmondsworth: Pelican, 1982 [1963]), p. 9.

运动(labour movement)的妇女,她们对女性在工作中遭受的不公正与不平等待遇愈发感到不满。1968 年,福特汽车公司戴根纳姆(Dagenham)工厂的女缝纫机械师举行罢工,抗议在工作中遭遇的性别歧视——女机械师的工资比男机械师少 15%。此次罢工是 20 世纪 80 年代以来第一次完全由女性参与的劳工行动,在当时引起了极大的反响。受此影响,其他汽车公司(如沃克斯豪尔[Vauxhall]和劳斯莱斯[Rolls-Royce])的工厂也爆发了类似的罢工。1969 年,旨在为妇女争取平等权利的全国联合行动委员会(National Joint Action Campaign Committee)刚一成立,就在伦敦特拉法加广场举行大型集会。在上述运动的推动下,工党政府于 1970 年实行《同工同酬法》(the Equal Pay Act of 1970),严禁雇主对从事相同工作的男女,在工作条件与劳动报酬上实行区别对待。

推动女权运动高涨的第二个原因来自反主流文化圈与新左派。自 20 世纪 60 年代以来,这两个群体在伦敦及各个大学城日渐活跃,并且经常联合起来反对越南战争。但是在这两个组织内部,许多妇女发现,这类组织倡导的进步理念,与组织的男性领导人对待女性的实际态度,存在严重的脱节。即使在所谓的"解放"语境中,女性依旧被定义为配角,负责洗衣做饭和在男性需要时满足他们的性需求。希拉·罗博瑟姆(Sheila Rowbotham)是一名毕业于牛津大学的年轻女性,非常渴望参加反对越南战争的和平运动。然而,她在越南团结运动(Vietnam Solidarity Campaign)组织的一场大会上表达自己的诉求后,却惨遭无视。在场的一位美国参会者目睹了这一切,于是在会后走到罗博瑟姆身边,拍了拍她的肩膀说,"女性面临的所有困局,都可以用一个词来概括——大男子主义(male chauvinism)"。根据罗博瑟姆回忆,这名男性之所以如此理解她的处境,是因为"他的妻子谢莉也曾加入过波士顿的一个'女性解放'组织"。① 经历了这件事后,罗博瑟姆和其他对女性

---

① Sheila Rowbotham, *Promise of a Dream: Remembering the Sixties* (London: Penguin, 2001), p. 162.

处境感到灰心失望的人一样，走上了一条将激进思想引入女权主义的道路。她在《新左派评论》（*New Left Review*）杂志上发表了一篇极具影响力的文章——《女性解放与新政治》（*Women's Liberation and the New Politics*），并在文中指出：长期以来，女性逆来顺受，将内心的愤懑压抑得太深，事到如今，她们已经不知道该如何打破沉默。书中原话这样写道："女性卑躬屈膝久矣，以至于我们中大多数人无法想象该如何站起来……在我们的内心深处，有一道道深深的伤痕，它们令我们痛苦不堪，只是没有显露在外而已。"[①]如今，各类激进女权组织如雨后春笋般出现，为女性提供了表达思想与分享经验的平台，终于有人站出来为女性发声，将她们内心的苦楚与愤懑表达出来。

1970年，"女性解放"的概念真正进入英国大众的视野。1970年2月，第一届全国"女性解放运动"大会在牛津大学拉斯金学院（Ruskin College）召开，来自全国各地的约600名代表出席了本次会议。本次会议坚持"三不"原则，即"不划分等级，不设领导机构，不对男性开放"，并公开发表声明。声明指出，女性解放运动的宗旨在于："充分唤醒女性意识，揭露女性地位低下的现实影响，寻求改变女性地位的手段……每位女性终极诉求是，帮助自己和其他女性掌控自己的生活。"围绕此宗旨，大会提出了四项基本要求：落实同工同酬，获得平等的受教育机会，享受24小时托育服务，实现避孕自由和随需堕胎。[②]（译者注：随需堕胎指在怀孕早期，女性可以自由选择是否进行堕胎，无须提供特定理由或经过严格审查的堕胎方式。）这场大会为女权运动注入巨大的能量，初步构建起女权运动体系，推动女权运动在整个20世纪70年代蓬勃发展。此后，全国女性解放运动大会先后召开了七次，其中几场在爱丁堡和阿伯里斯特威斯（Aberystwyth）举行，还有一些地方性会议也

146

[①]　Sheila Rowbotham, ' Women's Liberation and the New Politics ', in Micheline Wandor (ed.), *Once a Feminist: Stories of a Generation* (London: Virago, 1990), pp. 11 - 13.

[②]　Women's Liberation Workshop Statement (1970) in Wandor (ed.), *Once a Feminist* , pp. 240 - 1.

这一时期内召开。这些会议提出了更多的要求,如实现女性法律和经济独立,争取自我界定性取向的权利等。然而,声势浩大的女权运动并未止步于此——1970 年,定居英格兰并在华威大学(Warwick University)担任讲师的澳大利亚女作家杰梅茵·格里尔(Germaine Greer)出版著作《女太监》(*The Female Eunuch*)。该书畅销全球,将女权主义思想推向了全新领域,甚至被知名报纸《星期日镜报》(*Sunday Mirror*)连载,格里尔也因此成为家喻户晓的明星。格里尔认为,女性已在男性主导的社会中丧失斗志,因此呼吁广大女性站起来,打破男权社会通过风俗习惯与角色定位强加给女性的枷锁。在此基础上,她进一步指出,女性需要克服获取自由的恐惧,敢于向迫害她们的敌人发起挑战,而这些敌人是"普通医生、精神科医生、卫生访视员、牧师、婚姻顾问、警察、地方法官和高高在上的改革者,以及那些沆瀣一气,向女性发出所谓警告与忠告的专制主义与教条主义者"。[①] 到了 20 世纪 70 年代末,经过格里尔和女性解放运动的努力,"性别歧视""父权制""大男子主义"等原本小众的女权术语已在大众当中广为流传。

如果说"第一波"女权运动是为女性争取了政治与法律权利,那么"第二波"女权运动最大的贡献就在于,它在女性获得政治与法律权利后,对阻碍实现社会平等的社会、文化与经济体制提出了质疑。在 1970 年的大选中,议会共设有 630 个席位,最终却只有 26 名女性当选为议员,而此时距离英国历史上第一位女议员获得席位已过去 50 多年! 与此同时,女性代表在高端职业、高层领导以及媒体从业者中所占的比例仍明显不足。不仅如此,女性仍承担着照料家人之类的繁杂家务。女性解放运动明确指出,仅有针对女性的立法还远远不够,人们亟须一场思想观念大洗礼,并在此过程重新思考关于家庭、性别、工作和公共生活的基本假定。"个人即政治"(the personal is political)作为这一阶段女权运动广泛使用的口号,强调男女之间的日常互动足以折射

147

---

① Germaine Greer, *The Female Eunuch* (London: Paladin, 1972), p. 19.

出男女地位失衡的局面。此观点的适用范围十分广泛——描述男人与女人的词语、男童和女童被鼓励玩的游戏、办公室里的任务分配，无不建立在固有的性别偏见上。在此基础上，格里尔等人将性问题推到女权主义议程中的首要位置，强调女性的性行为一直在遭受着男性的压抑与扭曲，并指出女性在日常生活中遭遇性骚扰和性暴力已是家常便饭。到 20 世纪 70 年代末，女权运动的主要特征包括要求加强治安以减少强奸等性犯罪、要求"恢复妇女夜晚自由行动的权利"以反对英国政府因噎废食仅针对妇女实施宵禁，以及为家暴受害者提供庇护。

148   自兴起以来，女权运动也经历了分裂的过程。最后一届全国"女性解放运动"大会于 1978 年召开，各方在斗争策略与斗争任务的优先级上产生分歧，致使日后的"女性解放运动"再也无法以统一形式展开。20 世纪 70 年代初的女权作品最受诟病的一点是，它们在阐述女权问题时，采用的总是"受过教育的白人中产阶级异性恋女性"这种固定视角，因此不具有广泛的代表性，常常会忽略甚至涉嫌歧视不同社会背景下的女性。此外，如果将各种女权言行笼统地概括为"所有女性"都经历过一些事情，或者片面地认定"所有女性"都相信某种观点，很可能存在以偏概全的问题，会疏远持不同观点或拥有不同背景的女性。不过，随着时间的推移，越来越多的女性站在不同的立场上为自己发声。例如，布里克斯顿黑人妇女组织（the Brixton Black Women's Group）于 1973 年成立，亚非裔妇女组织（the Organization of Women of Asian and African Descent）于 1978 年成立。随着运动范围的扩大，"女性解放运动"内部不可避免地出现了分裂与对立。后续的几代女权运动（有时被称作"第三波"和"第四波"女权运动）致力于打造更为开放、包容性更强、形式更为丰富的运动，从而为自我界定提供更大的空间，同时避免陷入一概而论的本质主义与非此即彼的二元对立思维，并且还要区分生物性别与社会性别之间的差异。但是，如果简单将女权运动的分

149 裂视为失败，恐怕与事实不符。相反，我们应将此视为女权运动必须经历的发展与成熟阶段，因为只有这样才能真正反映女性的多样化需求。最重要的是，许多女性从来没有参加过任何团体，但仍然经常表达出一

种未上升至理论的"民间女权主义",以表现实现性别平等的决心和对性别歧视的反抗。[①] 从这一点不难看出,女权主义对后世女性的观点与人生追求产生了变革性的影响。

自 20 世纪 70 年代以来,女权主义取得了诸多胜利。从 1975 年和 1986 年的《反性别歧视法》(Sex Discrimination Acts),到 2006 与 2010 年的《平等法》(Equality Acts),一系列立法旨在消除性别歧视与不平等。1991 年,一项法院判决正式将婚内强奸定为犯罪行为。与此同时,对性暴力的打击与起诉,也在竭力扭转直至根除社会对女性受害者的偏见——过去人们认为,女性本身也应对遭受侵犯负责,因为若不是她们在遭受侵犯时采取了"默许"态度,施暴者也不会得逞,或者退一步说,若不是她们自身不检点,施暴者也不会起歹念。此外,女性群体在媒体中的代表性也得到了显著改善,女性形象更加丰满与多元化,这一点在英国广告标准管理局(Advertising Standards Authority)得到了充分体现。该局于 2019 年出台一项规定,禁止广告中出现有损女性的性别刻板印象。在英国政界,多名女性担任高层领导职务,例如,玛格丽特·撒切尔和特雷莎·梅就任英国首相(但是撒切尔夫人明确拒绝被贴上"女权主义者"的标签),尼古拉·斯特金(Nicola Sturgeon)和阿琳·福斯特(Arlene Foster)分别当选为苏格兰和北爱尔兰的首席部长。不仅如此,女性在专业岗位中所占的比例显著上升,接受高等教育的女性人数也多于男性,并且在学历背景上,女孩的学历在大多数情况下要高于男生。

然而,真正实现性别平等依然还有很长的路要走。虽然距离《同工同酬法》的颁行已过去 50 年,但英国国家统计局(the Office for National Statistics)在 2020 年公布的数据显示,在所有受雇者当中,性别收入差距竟然达到了 15.5%。[②] 新冠疫情期间,女性依旧承担着几

150

[①] Jon Lawrence, *Me Me Me: The Search for Community in Post-War England* (Oxford: Oxford University Press, 2019), p. 226.

[②] https://www.ons.gov.uk/employmentandlabourmarket/peopleinwork/earningsandworkinghours/bulletins/genderpaygapintheuk/2020.

乎所有的家务，以及绝大多数有偿和无偿照料他人的工作。与此同时，"我也是（受害者）"反性骚扰运动（MeToo movement）揭示了触目惊心的社会现实——性暴力和性骚扰在英国乃至世界各地依然普遍存在。2021 年 3 月，萨拉·埃弗拉德（Sarah Everard）遭到伦敦大都会区警察局（Metropolitan Police）在职警官韦恩·库岑斯（Wayne Couzens）的谋杀，再次引发人们对公共场所女性安全问题的担忧与愤怒。而在网络空间与社交媒体上，唾手可得的网络色情内容进一步强化了"女性就是泄欲工具"的物化女性观念。众所周知，当代女权运动任重而道远，唯有通过坚持不懈的斗争与持之以恒的倡导，才能在未来真正实现性别平等。

反种族主义运动

157　　在英国，有色人种争取权利的历史由来已久，各类反对种族歧视的维权组织更是层出不穷。19 世纪末，反对黑奴贸易运动风起云涌，奥拉达·艾奎亚诺（Olaudah Equiano）及其所属的非洲之子组织（Sons of Africa）在其中扮演着重要的角色。到了 20 世纪，随着英国境内黑人群体和亚裔族群的人数不断增长，反种族主义运动组织的数目成倍增
158　长，形形色色的官方与民间维权团体遍布全国：1931 年，牙买加裔医生哈罗德·穆迪（Harold Moody）成立有色人种联盟（League of Coloured Peoples），为提升少数族裔的地位奔走呼号，并出版了极具影响力的期刊《斗争要旨》（*The Keys*）；1938 年，印度工人联盟（Indian Workers Association）在考文垂成立，该组织不仅代表工人阶级的利益，还肩负着反对英国殖民统治的任务。在反殖民运动和反种族歧视运动的鼓舞下，大量同类组织和运动也出现在英国各殖民地和美国境内。

　　1948 年 6 月，满载印第安人的客轮"帝国疾风号"（Empire Windrush）驶抵肯特郡（Kent）蒂尔伯里码头（Tilbury Docks），移民问题从此被提上政治议程。英国社会也逐渐形成一项共识——随着黑人与亚裔社群规模的扩大，他们的权利理应得到支持和保护。在此思想

的指引下,殖民地人民保卫协会(the Colonial People's Defence Association)于1950年在利物浦成立,旨在保护黑人海员不被遣返回国,同时致力于消除职场中的种族歧视。与此同时,埃德里克·康纳夫妇(珀尔·康纳[Pearl Connor]和埃德里克·康纳[Edric Connor])成立了英国第一家黑人作家、演员与制片人代理公司。特立尼达裔社会活动家克劳迪娅·琼斯(Claudia Jones)被美国驱逐出境后,只身来到伦敦,于1958年3月创办《西印度群岛报》(*the West Indian Gazette*),以一己之力对抗白人主导的国家传媒体系。该报始终秉承报社标语宣扬的宗旨,坚持"报道读者想要看到的各类新闻,无论它们发生在身边,还是源自遥远故乡"。此外,琼斯还在推动诺丁山狂欢节(Notting Hill Carnival)成型的过程中发挥了至关重要的作用,为弘扬充满活力的加勒比文化作出了重大贡献。

　　1958年9月初,在伦敦诺丁汉市和诺丁山地区,白人青年与黑人青年爆发激烈冲突。该事件很快被定性为"种族暴动",加深了人们对移民的刻板印象——移民就是引发社会动荡的不稳定因素。受此影响,社会上要求限制移民权利的呼声日益高涨,完全不顾这一时期入境移民数量多于离境人数的事实。在这一时期,新闻媒体更加关注移民集中的地区。例如,暴动发生前几个月刚刚成立的种族关系研究所(the Institute of Race Relations)展开了一系列社会学研究,旨在探讨种族偏见与歧视问题,但大多数情况下采用的依旧是置身少数族群之外的白人研究员视角。在大多数黑人与亚裔社群中,人们对于依赖国家机器保护自身权益并没有抱有太大幻想。想要在种族歧视引发的动荡中保住性命,只能自求多福和以牙还牙。比如,32岁的阿根廷人凯尔索·科克拉内(Kelso Cochrane)在1959年惨遭白人青年杀害,而在当地人都知道凶手是谁的情况下,但警方却迟迟没有提起公诉。此案引发轩然大波,以克劳迪娅·琼斯为核心的社会活动家借机大做文章,奋力声讨英国社会的不公,但案件本身却迟迟没有任何进展。从此例可以看出,持种族偏见的施暴者未能受到应有的制裁,这在当时已是屡见不鲜,从而造成人们对国家机器灰心失望。不过,当时也有反对种族

159

歧视的成功案例：针对布里斯托尔公共汽车公司(Bristol Omnibus
Company)的种族歧视政策，四名印第安裔青年——罗伊·哈克特
(Roy Hackett)、欧文·亨利(Owen Henry)、奥德利·埃文斯(Audley
Evans)、普林斯·布朗(Prince Brown)采取了更为直接有效的方式。
160 四人联合起来，于1963年4月末发起了一场抵制城市公交的运动，并
且很快得到了各方的大力支持与媒体的广泛宣传，最终迫使公交公司
让步。同年9月，布里斯托尔公共汽车公司设置了首批有色人种售
票员。

从20世纪60年代开始，无论哪一党派上台执政，在试图解决"种
族关系"问题时，采取的都是"双管齐下"的策略。一方面，英国政府收
紧了移民政策。《1962年英联邦移民法》(the 1962 Commonwealth
Immigration Act)确立了一套新的移民政策体系，要求新入境英国者
必须具备一技之长，必须承诺来英后将会参加工作或完成学业，或至少
保证在来英之前就有亲人具有英国国籍。这套政策体系将爱尔兰移民
排除在外，表现出赤裸裸的种族歧视，因此被工党领袖休·盖茨克
(Hugh Gaitskell)斥为"残酷无情的歧视有色人种的立法"。但时隔仅
两年工党上台后，竟然接受并继续扩充该政策体系。在接下来的几十
年里，移民政策持续收紧。例如，《1981年英国国籍法案》(the 1981
British Nationality Act)规定，英国境内的新生儿如要申请获得英国国
籍，则父母中至少有一方必须是英国公民或永久居民。另一方面，英国
政府出台了一系列法案，先后将存在于公共场所、就业与住房领域的种
族歧视定义为违法行为(时间分别为1965年和1968年)。为了监督
此类法案的实施，新的机构也在这一时期成立，其中具有代表性的是种
族关系委员会(the Race Relations Board，成立于1965年)、地方社群
关系委员会(the Community Relations Commission，成立于1968年)
和种族平等委员会(the Commission for Racial Equality，成立于
1976年)。

161 1968年4月，伊诺克·鲍威尔发表了臭名昭著的《血流成河》演
说，引来口诛笔伐(详见第三章)。新成立的机构对英国赤裸裸的种族

歧视现象亦是深恶痛绝,但苦于种族歧视在英国社会与文化当中根深蒂固,自身又不具备扭转社会观念和改变社会风气的权力与资源。在此情况下,一些个体站了出来,他们对英国当局收紧移民政策的做法灰心失望,同时深受美国境内外新兴民权运动的鼓舞,在反种族歧视问题上采取了更为激进的立场。1961年,尼日利亚裔作家兼社会活动家奥比·伊巴拿(Obi Egbuna)移居英国,后于1967年参与创立有色人种联合协会(the United Coloured People's Association)并发表宣言《英国黑人权力运动》(*Black Power in Britain*),呼吁采取更为直接的行动反对种族歧视。随后,他又仿效美国黑豹党,创立了革命性质的社会主义政治团体——英国黑豹党(the British Black Panthers)。1968年夏,伊巴拿因在海德公园发表演说时煽动民众袭警被捕。1973年,心灰意冷的伊巴拿选择离开英国。总的说来,在彼时的英国,对伊巴拿或者"迈克尔·X"(Michael X,全名为迈克尔·德·弗雷塔斯[Michael de Freitas],另一位在伦敦开展活动的黑豹党代表人物)的激进立场响应者寥寥,英国黑豹党也没有存在太长时间。但是,激进主义者的主张充分表达了广泛存在于社会之中的愤怒与失望情绪,他们的部分理念(如学校应开设黑人历史课程)也逐渐走出黑权运动的小众圈子,为大众所接受,成为社会主流思想。

在接下来的几十年里,有色人种不再急于求成,而是转变策略,改为投身政界,争取在公共场合抛头露面和增加媒体曝光率。在1987年的大选中,四名少数族裔政客赢得议会席位,开创了二战以来少数族裔参政的先河,其中一位名叫保罗·博阿滕(Paul Boateng)的议员在2002年成为英国历史上第一位黑人内阁大臣。但这些进步仅仅是个例,英国社会的种族歧视观念依然根深蒂固,种族骚扰现象依旧屡禁不止,种族暴力行为更是司空见惯。1981年1月,伦敦新十字(New Cross)区内的一处住宅失火,13名加勒比黑人青年惨死屋内。事发之后,警方的调查迟迟没有进展,激怒了当地的黑人社群。1982年3月2日,两万多名黑人走上街头,举行"黑人行动日"(Black People's Day of Action)大游行。游行队伍穿过整个伦敦城来到唐宁街,向英国政府递

162

交请愿书。此次事件极大地刺激了各类黑权主义思想朝着激进方向演化，但是直到史蒂芬·劳伦斯遇害案(1993 年 4 月)发生后，英国警方对待种族问题的态度才被迫发生明显转变：由于警方调查不力，杀害劳伦斯的凶手一直逍遥法外，直到 2012 年才接受进一步审判。早在1999 年，法官威廉·麦克弗森爵士(Sir William Macpherson)发布了一份官方报告，并认定伦敦大都会区警察局存在"体制性的种族歧视"行为，亟须整改。该报告成为一个重要的转折点，推动社会将关注点从个别"害群之马"身上转移到更深层次的体制问题与风俗习惯上来，使世人深刻地认识到，种族歧视脱胎于"约定俗成的偏见"，本质上就是"狭隘无知与种族成见"的产物。① 受此启发，众多机构和组织开始自我反思并做出改变。在此基础上，2006 年与 2010 年的《平等法案》进一步强化了针对种族歧视的立法。

163　　　2020 年 5 月，明尼阿波利斯警官德雷克·肖万(Derek Chauvin)因暴力执法致使乔治·弗洛伊德(George Floyd)死亡，被指控谋杀。从此案引发的社会反响来看，种族不平等现象一日不消亡，民众的愤怒就一日不会平息。事实的确如此，弗洛伊德之死令全世界愤怒，人们频频发起维权运动，高喊口号"黑人的命也是命"(Black Lives Matter)；英国各地约 260 个城镇爆发反种族主义集会，参与人数高达 21 万左右。② 在布里斯托尔，奴隶贩子爱德华·科尔斯顿(Edward Colston)的雕像被愤怒的人群推倒；英超球员通常会在比赛开始前单膝下跪，以表明强烈反对种族主义的立场；学校、大学和文化机构也被迫反思如何阐述英国历史。归根到底，种族主义是一个体制问题。在这一点上，英国社会各界已经达成了前所未有的共识。但面对体制，到底该从何处下手，世人依然争执不休。

---

① https://assets. publishing. service. gov. uk/government/uploads/system/uploads/attachment_ data/file/277111/4262. pdf.

② *Guardian*, 29 July 2020, https://www. theguardian. com/uk-news/2020/jul/29/george-floyd-death-fuelled-anti-racism-protests-britain.

环保运动

在英国,珍爱环境与注重环保的历史传统与民权运动一样悠久。早在 1945 年以前,一些破坏环境的现象,例如,矿井、纱厂和钢铁厂产生浓烟污染、城镇规模扩大给乡村造成破坏、汽车数量激增大煞城郊风景等,就已经引起了有组织的抗议:1895 年,国民信托(the National Trust,全名为"国家名胜古迹信托")组织成立,旨在保护"自然景观或历史名胜";1926 年,英格兰乡村保护委员会(the Campaign for the Preservation of Rural England, CPRE)成立。与此同时,一系列旨在阻止人类虐待动物和破坏保护自然栖息地的组织也创立于这一时期。例如,英国皇家防止虐待动物协会(the Royal Society for the Prevention of Cruelty to Animals, RSPCA,原名为"英国皇家防止虐待动物协会",在 1840 年才被冠以"皇家"二字)的历史可追溯至 1824 年,英国反活体解剖协会(National Anti-Vivisection Society)创立于 1875 年,英国皇家鸟类保护协会(the Royal Society for the Protection of Birds, RSPB)的创始时间为 1889 年。1952 年 12 月,令人窒息的浓厚烟雾笼罩伦敦城,导致至少 4 000 人丧生。在"伦敦烟雾事件"的刺激下,英国环保立法进程加快,《1956 年空气清洁法令》(the Clean Air Act of 1956)最终出台,要求工厂和家庭改用无烟燃料。

现代环保运动肇始于 20 世纪 70 年代,起因是科学家使用更为精准的科学手段揭示了人类活动给环境造成的毁灭性影响。例如,科学研究发现,大气中的二氧化碳浓度不断上升,将会带来灾难性的后果。此结论一出,社会活动家们立刻跟进,开始大肆宣扬全球变暖的危害;此外,当时的人们还关注到以下现象:臭氧层遭受破坏;排放二氧化硫和氮氧化物是"酸雨"形成的主要原因;过度使用农药、现代耕作方式和塑料垃圾泛滥造成环境破坏;核武器与核能具有副作用,存在潜在风险。与其他社会运动类似,英国的环保运动同样深受美国同类运动的影响。"国际地球之友"(Friends of the Earth, FoE)与"绿色和平"(Greenpeace)于 1971 年同时在英国成立,二者也都是全球环保运动网

164

络的重要组成部分,均擅长通过组织声势浩大的社会活动吸引人们的关注。它们不仅试图说服公众转变行为习惯,而且还致力于游说政府做出改变。此外,托尼·惠特克(Tony Whittaker)于 1973 年在考文垂创立"人民组织"(People),试图直接进军政界,并在 1974 年大选中发表《可持续社会宣言》(*Manifesto for a Sustainable Society*),尝试争夺议会席位。"人民组织"在 1975 年发展成为"生态党"(Ecology Party),后于 1975 年更名为"绿党"。到了 20 世纪 80 年代末,随着公众对酸雨、臭氧层空洞和雨林消失的担忧日益加重,绿党计划发起多轮政治运动。在 1989 年的"欧洲选举"(European elections,译者注:1979 年之后,欧洲议会由直接选举出的代表组成。欧盟各成员国根据比例配额选举出本国的欧洲议会议员。欧洲议会是唯一由直选产生的欧盟机构。选举每 5 年举行一次,通常被称为"欧洲选举")中,鉴于备选候选人争取选票也不存在政治风险,绿党趁机赢得了 15% 的选票,将自由民主党远远地挤到了第四位。几个月后,撒切尔夫人在联合国大会上发表重要演说,开始正视环保问题,并郑重声明环保问题应当跨越不同的政治立场。她警告说,"人类对大气、海洋和地球自身造成了无法挽回的破坏","此举贻害无穷"。最后,撒切尔夫人总结道:"争论谁该为此负责或买单毫无意义,唯有诉诸广泛的国际合作,才能有效地解决环境问题。"[①]到了 2013 年,环保问题被正式提上政治议程。

受制于英国的"简单多数票制",绿党始终难以扩大自身的直接影响力。直到 2010 年,卡罗琳·卢卡斯(Caroline Lucas)才从布莱顿皇家行宫选区(the Brighton Pavilion constituency)中脱颖而出,成为绿党在英国国会中的首名议员,但绿党在政治上的影响仅仅止步于此,日后再也没有取得实质性的突破。相比之下,苏格兰实行比例代表制,为绿党的发展提供了更加有利的政治环境。在 2021 年的大选中,独立于几大政党之外的苏格兰绿党巧妙利用当地的政党名单比例代表制(the

---

① 撒切尔夫人 1989 年 11 月 8 日在联合国大会上的讲话,见 https://www. margare tthatcher. org/document/107817。

regional list vote)，在议会中赢得 8 个席位，并随后同苏格兰民族党达成进入政府的协议。不过，大多数政党、公共机构和企业而言都是被动地对环境议程作出回应，而环境议程能够营造出声势，是建立在整合诸多国际协议的基础之上，如 1992 年的《里约气候变化公约》(Rio Climate Change Convention)、1997 年的《京都议定书》(the Kyoto Protocol)和 2015 年的《巴黎气候协定》(the Paris Agreement)。2005 年，顶尖经济学家尼古拉斯·斯特恩爵士(Sir Nicholas Stern)奉英国财政大臣戈登·布朗之命，开始评估气候变化对经济产生的影响，并在 2006 年发布了具有里程碑意义的《斯特恩报告》(Stern Review)。该报告将气候变化定性为有史以来最为严重的"市场失灵"(market failure)。以此报告为标志，此后任何政治观点如不正视环保问题，都将会被排斥在主流政见之外。为此，英国政党纷纷推出种种环保政策。2019 年 6 月，特雷莎·梅领导的保守党政府承诺，截至 2050 年，英国将实现温室气体的"净零排放"。虽然英国是第一个作出此类承诺的主要经济体，但在社会运动家(其中包括具有全球影响力的"环保少女"格蕾塔·通贝里[Greta Thunberg]，以及总部设在英国的"反抗灭绝"[Extinction Rebellion]组织)看来，英国这一举措不仅如蚍蜉撼树，而且为时已晚。

综合本章所述，自 1945 年以来的几十年里，人们看待许多事物的观念发生了显著的转变：第一，过去习以为常的观念逐渐被边缘化，甚至被定义为非法。任何政客或者公众人物，胆敢质疑性别、种族平权问题，或者否认气候变化带来的影响，通常都会落得众叛亲离的下场；第二，随着公众开始重视刻板印象与歧视性词语带来的伤害，政府也加强了对语言措辞的监管。我们回顾前几十年内最受欢迎的媒体节目，或者翻开那时的公开出版物时，会产生一种恍若隔世的感觉，因为这些节目和出版物里充斥着如今被划为违禁内容的言辞与图案；第三，对上文提到的各类团体组织而言，追求社会平等之路依然道阻且长，实现平等的速度远低于人们的预期，因此引发了民愤。随着英国进入 21 世纪 20 年代，越来越多的人意识到，社会不平等问题的根源在于体制，仅凭

167

良好的意愿无法改变现状。但是,推行体制改革是一项复杂而艰巨的工作。许多机构发现,鼓励个人承担变革责任,远比机构开展彻底的自我反思容易得多。第四,在诸多困局之中,最难解决的当属气候变化问题。在这一点上,仅靠个体的单打独斗同样远远不够够,而当下唯一切实可行的全球化解决方案是:在全球范围内统一协调各国行动,推行深刻的经济与社会变革。2021 年 11 月,联合国气候变化大会(United Nations Climate Change Conference)在爱丁堡召开,尽管大会就当下环保形势展开了紧急的研讨,但各国是否在按照大会要求的工作强度落实工作仍不得而知。总而言之,1945 年以来,上述各领域的确发生了实实在在的变化,但如何将设想的未来变为现实,英国社会依然没有编织出清晰的愿景。

第六章　为自己打算

1945 年 7 月,工党与保守党直面全国选民,开始为组建下一届政府争取必需的选票。一场又一场竞选活动看似喧闹热烈,但实际上,最终能有机会赢得下议院大多数席位的,也只有这两个政党。七十四年后,也就是 2019 年 4 月,同样的情景再次上演,双方仍然在几乎一成不变的选举体制内争夺选票,并且依旧对最后能主导英国的政治格局志在必得。在外人看来,几十年过去了,情况似乎没有发生太大改变。但通过本书前几章的论述,我们了解到,自二战以来,英国政治无论在内容上,还是在形式上,均发生了翻天覆地的变化。不仅新的社会问题层出不穷,社会关切的重点也随之改变。所以说,两党还是以前那两个党,但他们面对的选民早已今非昔比:1945 年的政客所面对的公众,还是以白人和基督徒为主体,有着建立在共同历史之上的国家认同感,恪守着同一套公德体系。当时的社会按照阶层和性别划分,层次分明:体力劳动者(数量约占劳动力总数的三分之二)与脑力劳动者之间存在明显差异;男女有别的社会观念根深蒂固,直接影响着两性的生活习惯;年轻人在十四五岁的时候就会离开学校参加工作,只有极少一部分人有机会进入大学读书。法定成年年龄是 21 周岁,处在这条年龄线之下的,不是儿童,就是被社会磨平了棱角的务工者,个性鲜明的青年文化根本无从谈起。综合来看,那时的政客尝试编织令人信服的未来愿

168

169

117

景时，至少面对的还是相对来说比较中规中矩的选民。

　　二战结束后的几十年里，英国社会朝着更加多元、更加多样、更加富裕和更具流动性的方向发展。受此趋势影响，英国政局告别了死气沉沉的氛围，变得生机勃勃。从某种意义上说，英国不再是一个纯粹的基督教国家，其他信仰在公共生活中扮演着越来越重要的角色。国家一改道德仲裁官的定位，致力于推进世俗人权体系的建设，并且取得了一定成效，至少在理论层面上保护了个人隐私、言论自由与思想开放。家庭财富显著增加，具体表现为：房屋拥有率大幅增长，汽车、家电与通信设备进一步普及，信贷行业欣欣向荣。这一时期，就业状况也发生了巨大变化，体力劳动岗位锐减，相应地脑力劳动与服务业岗位激增。性别差异方面，女性的生活方式已显著趋近男性。年轻人享受着时代的红利，接受到更好的教育与培训机会，越来越多人进入大学学习，在思想获得启蒙后，便开始对话语权提出了要求。为迎合年轻一代的政治需求，享有选举权的年龄已降至 18 周岁，并且在舆论的压力之下，有望进一步降至 16 周岁。与此同时，得益于电视的普及、互联网的发明以及社交媒体的出现，民众获得了前所未有的信息量与娱乐体验，可随时随地聆听美妙音乐，追随时尚潮流和感受体育魅力，从而兼收并蓄不同类型的亚文化。不仅如此，传媒的发展还加速了全球化的趋势。在移民浪潮的推动下，英国更加国际化，国内种族构成更加多元化，全球各地的事物、文化与风俗习惯逐渐融入百姓日常生活之中。

　　上述种种变化，通常被视为"个人主义"滥觞的诱因。不过，站在今人的角度去苛责前人，未免有失公允，仿佛当时的人不该有七情六欲一样。但是，我们也不应该理所当然地认为，现代人越来越不愿意同社区乃至社会建立联系。相反，在一个流动性更强、媒体更加发达、更强调多元性、全球化趋势更加明显的社会里，个体在追求个性方面享有更大的自由，他们不愿墨守成规，不愿像父辈那样，一辈子只待在一个地方，守着一份工作过完一眼望到头的余生，而是渴望在人生之路上拥有更多的选择，能够更加随心所欲地表达内心的想法。此外，随着评价标准更加多元化，现代人越来越敢于质疑权威，他们更加相信自己有能力挣

170

脱过去的束缚,去拥抱更加美好的未来。愿望固然美好,但每个人能真 171 正将自己的人生过成什么样子,却是因人而异,且差距悬殊。一个人, 如果既没有钱,也没有接受过教育,同时还没有好的身体,他的追求个 性之路依然会布满荆棘。在物欲横流、追名逐利的社会里,“被社会抛 弃”而引发的挫败感只会更加强烈。虽然不具备现实基础,但许多人依 然对功成名就与荣华富贵抱有幻想,即使自己无法实现,也会寄希望于 子女或亲人。对此,政治家们应审时度势,因势利导,擘画出更为宏大 的愿景,为所有人的发展提供机遇,从而满足个人主义社会中日益增长 的个性需求和日趋多元的个体期望。

世俗社会?

在过去几个世纪里,基督教已渗透进不列颠岛民生活的方方面面, 从根本上塑造了英国的君主政体与风俗习惯:国王登基时,会在坎特 伯雷大主教的监督下宣读加冕誓词,而誓词中包含这样一项承诺—— 国王将履行作为“信仰捍卫者”(Defender of the Faith)的义务。国王 宣誓的同时,26 名主教就正襟危坐在上议院的右侧。此外,法律体系 对生活诸多方面作出的规定,如结婚、离婚、堕胎、同性恋和自杀等,同 样建立在基督教义之上,神职人员因此被赋予了道德审判者的角色。 不仅如此,教会还在创办学校教育方面发挥着重要作用。《1944 年教 172 育法》(the 1944 Education Act)规定,“每一所地方公立学校与私立学 校都必须保证,所有学生每天到校的第一件事是参加集体礼拜”,同时 要求各地的主管部门负责起草“统一的宗教教学大纲”。① 另外,从童 军(scouts and guides,译者注:scouts 指男童军,guides 指女童军)到 铜管乐队,许多文化与志愿活动也深受宗教影响。英国广播公司自成 立之日起,就带有鲜明的基督教色彩,制作和播出了大量的宗教节目。 在社会习俗方面,星期日又被称为“礼拜日”,当天的公众活动会受到严 格限制,绝大多数娱乐场所和运动场所全天关闭,只有极少一部分商店

---

① 　https://www.legislation.gov.uk/ukpga/Geo6/7-8/31/contents/enacted.

可能在这天营业。

  在英国，虽然新教占据了主导地位，但不同的民族仍然拥有各具特色的宗教信仰。英国国教教会由大主教和主教组成，等级森严，但这套体系并没有被苏格兰长老会采纳，而盛行于威尔士地区的卫斯理宗则奉行约翰·卫斯理（John Wesley，1703—1791）创设的教义。在北爱尔兰，"奥兰治会"（Orange Order）这类兄弟会组织在面对南方天主教的冲击时，往往会竭力推崇传统的新教教义与教仪。其实，早在1945年以前，英国国内尚有比例不高但为数不少的天主教徒与犹太人，以及规模更小的穆斯林、印度教和锡克教社群。虽说许多英国人对宗教的信仰只停留在表面，但彻底的无神论在英国也没有太大的市场，大多英国人游走在宗教与无神论之间，这一点同法国等国家相比，显得尤为突出。1880年，自由党激进派议员查尔斯·布拉德劳（Charles Bradlaugh）迟迟无法在下议院内获得席位，因为他身为一名无神论者，不可能宣读带有宗教色彩的就职誓词。接下来，他经过整整六年的努力，才最终解决这一问题。布拉德劳仅仅是个例，这样彻头彻尾的无神论者在英国只是凤毛麟角。换作欧洲其他许多国家，左翼政党往往是无神论和世俗主义观点的载体，但放在英国，这类政党同样得与宗教沾边，正如工党政客摩根·菲利普（Morgan Philips）在1953年辛辣地指出："工党能有今天，更应该感谢卫斯理宗，而不是马克思主义。"①

  世俗化进程指的是"宗教思维、实践与体制逐渐丧失社会影响力的过程"。② 在此基础上，部分社会学家认为，世俗化是一个长期的演进过程，与工业化、城市化和科学思维模式的兴起联系密切。在19世纪，城市的迅速发展对部分教派造成了冲击。达尔文的进化论与自然选择学说也与《圣经》的字面解释互相矛盾，导致一部分人对基督教的教义产生了质疑。另一部分人亲历了两场世界大战带来的苦难，可是基督教一直以来宣扬上帝对众生仁慈，残酷的现实明显与宗教的说辞不符。

---

  ① 引自 Jay (ed.)，*Lend Me Your Ears*，p. 244。

  ② Bryan Wilson，*Religion in a Secular Society*（Harmondsworth：Penguin，1969），p. 14.

尽管如此,教会在整个 20 世纪 50 年代仍然保有强大的势力,在信徒心中依旧享有崇高威望,社会与文化影响力丝毫未减。1954 年,美国福音派传道士比利·格雷厄姆(Billy Graham)在伦敦举行为期 12 周的巡回演讲,共吸引 200 多万信众到场聆听,其中一场演讲更是引来了 12 万人。当时,狂热的听众涌入温布利体育场(Wembley Stadium),造成了严重的拥堵。而到了第二年,又有 120 万人赶往演说现场,只为一睹格雷厄姆真容。格雷厄姆拥有的信徒之多,只有日后最火爆的摇滚乐队能与之匹敌。这一时期,基督教义仍在为保守的道德规范提供理论支撑。以公共道德委员会(the Public Morality Council,PMC)为例,该机构代表基督教与犹太教的意志,不仅在很大程度上左右着公开色情表演与娱乐产业的监管,而且还倡导各级法院、各地政府与各类授权机构捍卫严格的道德标准。受此影响,1954 年,著名情色海滨明信片手绘大师唐纳德·麦克吉尔(Donald McGill)遭遇起诉,以制作贩卖传播淫秽物品罪被处以罚款。

不过,到了 20 世纪 50 年代末,一批人文主义者、社会改革家和文化创作者站了出来,试图将法律和宗教道德稍稍剥离开来,从而为成人能够自主作出决定开辟更为宽松的空间。在这群人的推动下,改革率先在三大相关领域展开,为社会更趋多元化铺平了道路。首先,第五章已经提到,1957 年发布的《沃尔芬登报告》(Wolfenden Report)明确区分了违法犯罪活动和逆道乱常行为,同时建议对同性性行为去刑罪化。该报告指出,法律的功能"既不是干预公民的私人生活,也不是将某种行为模式强加于所有个体,而只是维护公序良俗和保护弱势群体免受伤害与剥削的必要手段"。在接下来的十年里,《沃尔芬登报告》的建议虽然并没有被采纳,但引发了民众对于国家应扮演何种角色的广泛讨论,并为个体做出个性选择提供了一整套有力的话语体系。

其次,在英国作家协会(the Society of Authors)以及罗伊·詹金斯(Roy Jenkins)等政客的领导下,与世俗化相关的社会运动兴起,旨在推动针对淫秽行为的立法改革。现行法律规定,如果书籍等文化制品"容易导致意志薄弱人群在接触不良思想后腐化堕落,并且很可能已

174

175

经落入了这部分人手中"，那么这类文化制品便会被诉违法。例如，如果一个孩子得到了一张情色海滨明信片，并因此沉沦堕落，那么这类明信片就会被依法查抄。公共道德委员会等机构利用此类规定大做文章，敦促地方当局打击"腐蚀人心的读物"。1959 年，罗伊·詹金斯通过了修订后的《淫秽出版物法案》(Obscene Publications Act)，使涉及淫秽内容的出版物有了为自己辩解的余地——只要能提供证据证明所谓淫秽内容是为"科学、艺术、学术或其他大众关切的议题"服务，便可免遭起诉。此外，针对淫秽语言的规定也在放宽。一夜之间，人们似乎获得了重新审视成人化内容的机会。就在《淫秽出版物法案》出台的第二年，备受瞩目的企鹅出版集团因出版 D. H. 劳伦斯(D. H. Lawrence)的情色小说《查泰莱夫人的情人》(*Lady Chatterley's Lover*)被诉违法案开庭，企鹅出版集团最终胜诉，"出版淫秽书刊罪"罪名不成立。此判决结果引发巨大反响，图书作者与出版社开始争相试探法律对于情色文化的接受底线。最后一个引人注目的变化与 1961 年《自杀法案》(Suicide Act)有关。在基督教教义中，自杀被视为违背上帝旨意的严重罪行，而根据 1961 年《自杀法案》的最新规定，自杀未遂者再也不会遭遇指控。此变化表明，社会在审视自杀和抑郁现象时，已不再将其视为宗教问题，而更倾向于将其划入医学范畴。总而言之，三大领域的变化表明，人们普遍承认，在道德问题上持不同观点合情合理，而将成年人的自由限制在传统基督教狭隘道德范畴内的做法已不合时宜。

　　上述针对教会权力体系的攻击，逐渐从小心翼翼变为火力全开。整个 20 世纪 60 年代，不仅基督教的道德教化功能持续遭受质疑，就连教会的政治、社会与文化功能也受到了来自讽刺作家、激进学生和反主流文化评论员的猛烈批判。这一时期，新兴的青年文化将性表达和消费享乐置于更传统的价值观之上，对基督教造成的冲击尤为猛烈。在这股强大的力量面前，基督教显得陈腐过时且与时代格格不入。新教教会内部同样爆发了激烈的争论，致使越来越多的公众对新教的真实立场感到困惑。这场争论的一方是以约翰·罗宾逊(John Robinson)为代表的现代派，该方支持更加自由灵活地阐释基督教义，同时鼓励世人重新思考过去人们对上帝的认知;争论的另一方是传统主义者和以钟马田(Martin Lloyd-Jones)为代表的福音派,后者认为,基督教义源远流长,教会理应恪守传统教义。与此同时,教皇保罗六世(Pope Paul Ⅵ)在1968年发表的《人类生命通谕》(*Humanae Vitae*)中重申了天主教会的观点——任何形式的人工避孕手段"本质上都是忤逆上帝的错误行为"。此言论一出,令原本指望教会能更加务实的群体避之不及,基督教义因此在脱离现实生活的危险道路上越走越远。在历史学家卡勒姆·布朗(Callum Brown)看来,自1963年以来的这段时期,正是"基督教英国"走向衰亡的过程。而历经了多年的社会与文化变革后,正如布朗所说,"在20世纪60年代成长起来的这一代人,与他们父辈之间的差异,比以往任何一个世纪的代际差异都要大。"①众所周知,宗教身份认同比较抽象,想要考查宗教身份认同的变化,是一件非常棘手的事情。但我们可以依托主要参照物窥见宗教身份认同的变化趋势,如定期参加宗教仪式的频率降低,洗礼和坚信礼的举办次数减少,教堂举行婚礼的夫妇数量不如从前等。种种迹象表明,世人的宗教认同感在20世纪六七十年代呈显著下降趋势。许多人只是私下里保留着对上帝的模糊信仰。他们虽然普遍接受基督教道德中除性行为教义之外的大多数主要信条,但与组织性更强的宗教活动的互动却越来越少。即使是已建立的教会,也越来越难以宣称他们真正代表了整个国家。似乎可以这么说,时代越往后,成长起来的新一代人距离信仰就愈发遥远。

最有活力的教会社群,往往由来自英国域外的人们建立和维系,信奉的是舶来的宗教信仰。许多来自加勒比海地区的移民原本都是虔诚的基督徒,但他们中有些人很快就被当地英国国教仪式中的种族主义排斥在外,不得不自立门户。黑人五旬节教派(Black Pentecostal)便是新教的一个分支,该教派强调个人对上帝和圣灵的直接敬拜,坚持每个

177

178

---

①　Callum Brown, *The Death of Christian Britain: Understanding Secularisation 1800–2000* (London: Routledge, 2001), p.54.

人都可以拥有圣灵降临的经验,因此在城市地区,尤其是伦敦和伯明翰两地发展迅猛。此外,得益于亚洲和非洲移民数量的增长,伊斯兰教、印度教和锡克教在英国的普及程度大幅上升。1961 年,英格兰和威尔士两地约有 5 万名穆斯林、3 万名印度教徒和 1.6 万名锡克教徒。而到 2011 年人口普查时,这组数字已激增至 270 万名穆斯林、81.6 万名印度教徒和 42.3 万名锡克教徒。[①] 与此同时,随着伊斯兰教清真寺、印度教寺庙、锡克教谒师所与佛祠的兴建,城市面貌也发生了相应的变化。1960 年,英国境内仅有九座清真寺,而到 1986 年,清真寺的数量已达 200 座。[②] 不仅如此,新兴的宗教习俗、宗教象征和宗教情感,也给英国各地的学校、工作场所和社区空间带来了显著的改变。

随着新教各派影响力逐渐减弱,以及其他宗教社群不断发展,将英国定性为基督教国家的观点已经不合时宜。在当下多信仰并存的多元化社会里,许多人的信仰根本谈不上坚定。各项立法越来越尊重和保护非基督徒的宗教习俗。1976 年,锡克教摩托车骑手获得豁免,不必遵守必须佩戴头盔的法律规定。与此同时,学校的宗教教育也呈现出多样化趋势。英国政府在 2010 年更新了教学大纲,要求学校指导儿童了解世界五大宗教。1994 年的《星期日交易法》(Sunday Trading Act)放宽了(但并未废除)对零售商在星期日营业的限制,在事实上承认了一直以来将星期日当作基督教礼拜日的做法存在不妥。但我们需要清醒地认识到,上述转变不可能一蹴而就,必然会招来反对的声音,许多非基督徒常常因为自己的信仰而遭到嘲笑或排挤。另外,受世俗主义与多元主义滥觞的影响,大多数宗教(包括基督教)内部的宗教激进主义抬头,这部分势力主张回归原始教义。2001 年,基地组织(Al-Qaeda,伊斯兰教激进派成立的组织)对美国发动"9·11"恐怖袭击,英美两国迅速作出回应,出兵干预阿富汗与伊拉克政局(详见第一章)。此后,围绕在英穆斯林的社会地位问题,英国社会内部产生了严重的分

---

① Mortimore and Blick (eds), *Butler's British Political Facts*, pp. 589, 585.
② Callum Brown and W. Hamish Fraser, *Britain since 1707* (Harlow: Pearson, 2010), p. 593.

歧。一小部分人(通常是年轻人)因受到抨击西方贪婪与虚伪的观点影响,主张采用暴力手段报复西方社会。2005 年 7 月,四名恐怖分子在轮动发动自杀式炸弹袭击,造成 52 人死亡。在此后几年里,陆续爆发了一系列恐怖袭击事件,发起者均深受伊斯兰教极端思想的影响,其中发生在 2017 年 5 月的曼彻斯特体育馆(Manchester Arena)爆炸案共造成 23 人死亡。对此,英国安全部门扩大了对相关宗教团体的监控范围。与此同时,民间社会也竭力遏制极端思想的蔓延,同时鼓励穆斯林社群更好地融入英国社会。

到 21 世纪初,宗教信仰不再像一百年前那样具有强制性,而更多地是一种个人选择。至少在大多数社群中,个体坚持某种信仰时,所面临的家庭与社会压力比起以往小了许多。可以说,英国人参与宗教仪式的频率,在世界范围内属于倒数水平。个体不仅可以从多种多样的信仰中选择其一作为个人信仰,而且从适龄入学之日起,就可以轻松地了解到各类宗教信息。在学校之外,个体还可以通过其他多种多样的灵媒(如密宗、异教教义、占星术等)探寻内心的精神世界。如果这类媒介仍无法满足他们的精神需求,个体还会诉诸消费手段。或者,正如我们将看到的,他们可以寻求通过消费来满足他们的需求。

消费主义、阶级与社会流动性

1945 年,只有四分之一的家庭住在完全属于自己的房屋内。那时,仍没有用上电的家庭占十分之一以上,平均每四个人(甚至更多)共用一个户外厕所或室内卫生间。大约四成的家庭没有固定浴室,以致大多数人一周只能洗上一次澡,并且体香剂也并未得到普及。虽然大多数家庭都拥有一台收音机,但除了少数科技爱好者外,大部分人根本不知道电视为何物。拥有汽车的家庭不足六分之一,绝大多数人出行依靠步行、骑车和公共交通。食品的采购主要在当地完成,彼时各地的面包店、肉店和蔬菜水果店数量众多,并且由于冰箱极为罕见,新鲜农产品无法长时间储存。人们身上的衣物大多为自制的服装。对大多数人来说,假日旅行仅限于英国境内的短途旅游,比如去布莱克浦

180

181

(Blackpool)或兰迪德诺(Llandudno)等海滨度假胜地,出境旅游者寥寥无几,因为那时候飞机仍主要应用于军事。年轻人离开学校后从事的是底薪工作,并且通常还要拿工资贴补家用,所以根本没有充足的经济实力维系日后举足轻重的青年文化。只有在特殊的日子里,人们才舍得外出就餐。当时的娱乐场所仅限于酒吧、电影院、当地体育馆、音乐厅和舞厅。在放纵和自我满足仍是奢望的社会里(至少对大部分人来说,定期放纵自我和满足个人愿望仍然是件难事),宗教的节制与禁欲思想却引发了普遍共鸣。与此同时,工作场所与公共场合的阶级差异仍然十分明显。从事非体力劳动、因受过教育而发音标准,拥有汽车等耐用消费品,都可以用来区分精英阶层与"普通人"。

在接下来的几十年间,经济发展给生活方式、工作模式和个体期望带了个革命性的变化。随着个人财富达到前所未有的水平,社会流动性进一步增强,社会各阶层的构成形式发生显著改变,英国逐渐演变为消费型社会。自20世纪50年代中期以来,定量配给制被废止,就业率相对稳定地保持在高位,实际工资大幅增长。得益于此,国人再次富裕起来,英国社会重新呈现出欣欣向荣的景象。到20世纪70年代初,那些曾经用来彰显社会地位的工业物品,已经沦为工薪阶层唾手可得的寻常物品:超过一半的家庭住进了属于自己的房屋,同时还拥有私家车、冰箱和吸尘器;几乎家家户户都购买了电视;三分之一以上的家庭安装了电话。与此同时,超级市场的兴起改变了零售业的面貌——1972年,英国国内约有5 000家超市。信用卡的出现(巴克莱银行于1966年发行了全英第一张信用卡——巴克莱卡[Barclaycard]),为消费者提供了更便捷的信贷渠道。在文化领域,随着年轻人可支配收入的增加,流行音乐和时尚产业迅速扩张,甲壳虫乐队和滚石乐队等乐队的成功,反映出唱片市场、音乐会门票市场以及纪念品消费市场存在巨大的潜力。餐饮业与旅游业同样发展迅速——截至1971年,约有800万英国人前往海外度假。同样在这一时期,得益于国民医疗服务体系的建立、地方政府与教育部门的扩招、电气与技术行业的发展,社会对专业化职位及管理类职位的需求大幅度增加。人们有更多的机会接触

182

中产阶级的工作和生活方式,但这并不是因为英国社会变得更加公平或英国社会的流动性比以往更大,而是得益于经济结构正在发生变化。不过,在身处这个时代的人们看来,他们会乐观地认为,一个"无阶级差别"的社会正在英国萌芽。

20世纪70年代,经济危机与大规模失业卷土重来,打碎了"人人都可共享财富"的美梦。这一时期,贫富差距持续扩大,南北地区经济水平两极分化的趋势愈演愈烈。不过,平均收入和消费支出仍继续上升,越来越多的家用电器和耐用消费品进入普通家庭的消费范畴。到20世纪80年代,微波炉、冰箱、洗碗机、录像机、个人电脑和CD播放机开始普及,而在随后的几十年里,手机、MP3音乐播放器和平板电脑也日渐受到普通家庭青睐。房屋拥有率在2006年达到了有史以来的最高值——71%,家装市场因此迎来了一段蓬勃发展的时期。饮食方面,家庭食品支出在家庭总支出中所占比例显著下降,人们将更多的钱用于购买价格昂贵但种类丰富的商品。家庭下馆子的次数增加,订外卖与送货上门更加普及;着装方面,得益于亚洲低成本制造业的兴起,服装价格大幅下降,人们更愿意购买现成的服装;交通出行方面,在20世纪90年代中期,英吉利海峡隧道的开通和廉价航空公司的出现,使得国际旅行的门槛大大降低,年轻人受益尤为明显。总而言之,曾经的奢侈品与奢华体验,现如今变成了生活必需品和人生必不可少的经历。

消费型社会的兴起,不仅表明个体累积了更多的财富,同时还改变了个体与世界互动的方式,以及个体定义自我的方式。首先,汽车的普及,提高了人口的流动性,使人们可以更加轻松地到达遥远的地方。为了满足汽车通行的需要,城市环境经过了专门改造,高速公路遍布乡野,城郊新建的购物中心宛如购物天堂,吸引消费者驾车蜂拥而来。其次,电话和电脑提供了人与人沟通的新方式,无论通信的另一方是在本地还是遥远的外地。最重要的是,消费逐渐在塑造个人身份的过程中居于更加核心的地位。广告商每天都会用成百上千份传单轰炸个体消费者。正如雷蒙·威廉斯(Raymond Williams)在1960年所指出的那样,广告商拿出一整套"经过专业训练的、组织严密的心灵诱惑与满足

183

184

手段"，以迎合消费者的幻想与欲望。他们告诉你："你购买的不仅仅是一件商品，而是社会的尊重、身份地位、健康、美丽、成功和掌控局势的力量。"①此言论并不是在说个人消费者只会被简单粗暴的零售标语牵着鼻子走，而是揭示了一个心理现象：每个人都会接触到的数以百万计的广告，它们所传达的消费主义理念蕴含着巨大的精神力量。换言之，买东西可以使我们更快乐，一套新衣服能让我们更加自信，更新换代后的手机可以让我们工作起来更有效率。此外，个人贷款门槛的降低，使手头拮据的人也有机会购买商品。互联网销售在邮购商品时代"订货就送到家"的基础上更进一步，让消费行为在家中就可以发生。如今，人们只要点几下按钮，就可以轻松花掉数千英镑。更具创造意义的是，消费者市场的扩张为人们提供了新的机会，使他们能够围绕特定的兴趣和亚文化聚集在一起。许多人开始以消费和休闲兴趣而非工作、宗教或背景来定义自我。事实上，"购物"本身已经成为一种休闲活动，每周都有数百万人参与其中。

从 20 世纪 80 年代开始，国家计划与公有制经济渐渐失去拥趸。人们愈发笃信市场的创造力，从而将消费主义的话语体系和原则带入了生活的其他方面，并对医疗、教育等服务的供应方提出了三点期望：能为个体提供多样化的选择；为所提供的服务制定最低质量标准，作为消费者评价服务质量的参考；将公众视为消费者而非公民。为满足上述期望，市场应依据教学成绩对学校进行排名，为家长行使消费者自主决策权提供参考，帮助他们筛除教学质量低下的教育服务供应商。与此同时，大学生需要为学位课程支付学费，并且将在学习结束后接受"课程满意度"调查，给大学的教学服务打分。"服务满意度"评价的设计初衷是为了推动各行业的整体进步。因此，几乎在生活的各个方面，个体消费者都需要行使市场经济中的自主决策权，为自己的人生发展方向做主。自主选择权的确可以促进个人发展，但太多的选择也会让

---

① Raymond Williams, 'The Magic System', *New Left Review*, I/4 (July – August 1960), pp. 27 – 32 (pp. 27, 29).

人感到迷茫,并且对缺少正确信息或专业知识来支撑自己作出决策的人群尤为不利。

撒切尔夫人推崇以市场为基础的保守主义,致力于建立一套以消费者评价为导向的、更加开放的社会制度(即"财产所有民主制"[property-owning democracy]),从而使人人都能参与到消费主义的发展过程中。从表面上看,"财产所有民主制"的建设初见成效,为英国原本固化的阶级结构注入了流动性。从 20 世纪 80 年代开始,工业和制造业持续衰落,零售业、服务业和 IT 相关行业兴起。受此影响,20 世纪上半叶英国体力劳动和脑力劳动之间原本清晰的界限变得模糊起来。正如许多传统媒体评论员所哀叹的那样,由于汽车、手表、手机和品牌时装的广泛普及,人们越来越难以通过观察个人的着装或财物来判断其社会地位。与此同时,高等教育的进一步普及也打破了从事专业化和管理类工作的部分壁垒。1954 年,在 18 至 21 岁的年轻人中,只有不到 3％的人进入大学学习;1980 年,这一比例上升至 17％。早在 1999 年,托尼·布莱尔设定了一个具有里程碑意义的目标——青壮年接受高等教育率需达到 50％。到了 2019 年,也就是在布莱尔提出目标二十年后,英国顺利达成了此目标。在随后的一年里,低入学率社区的 18 岁学生中,有 23.3％的人被全日制大学录取,录取率再创历史新高。

上述进步趋势的确引人注目,但并没有反映出战后英国社会发展的全貌。事实上,有一部分未被激发出的社会流动性仍受到普遍主义价值观的局限。贫富差距历经了三次加剧,前两次分别发生在 20 世纪 80 年代和 90 年代,第三次则是在 2011 年起的十年紧缩期内。受此影响,英国不同地区之间的预期寿命差距高达 10 年。此外,个体能否进入一流大学读书,能否在政治、媒体与法律体制中担任领导职务,仍在很大程度上受其社会背景影响。得益于高等教育的普及,唯学历论使广大毕业生获得了宝贵的就业机会,但也让占人口总数 50％的未接受高等教育群体面临着就业愈发困难的窘境,尤其是在熟练体力劳动岗位减少的大环境下。通过个体的教育背景等关键属性,我们就可以预

186

187

判其政治立场,这并不是什么巧合,而是普遍规律,因为没有接受过高等教育的群体并不相信当代全球化经济(特别是全球劳动力的流动)会对他们有利。总而言之,消费型社会虽然提供了诱人的物质财富与看似平等的机会,但对许多人来说,消费型社会带来的回报宛如镜中花水中月,不仅虚幻,而且遥不可及。

媒体与流行文化

在大部分英国史书中,媒体往往身居幕后,只有在史家探讨政治传播与娱乐产业兴起时,才会被搬上台面。然而,就英国人如何打发时间而言,充足的证据表明,从二战结束到 21 世纪初的前几十年,媒体消费的兴起是普通人日常生活中最显著的变化。英国一直以来是一个媒体大国。从 19 世纪下半叶开始,与同时期同类型其他国家相比,英国对报纸、杂志和书籍的消费有过之而无不及,英国人迅速而热切地接受了电影、广播和电视等每一种新媒体形式。到了 21 世纪 20 年代,英国成年人在各类媒体上花费的时间经常超过睡觉或工作时间。人们生活的很大一部分时间都是在网上度过——事实上,在一个充斥着智能手机、智能手表、睡眠监测设备和联网家用电器的世界里,人们越来越难以将网络世界与现实世界清晰地区分开来。如今,个体可获取的信息比以往任何时候都多,且他们可根据自身需求而精准选择更加多样化的消费内容。总的说来,到了 21 世纪,曾经主导 20 世纪的民族性大众文化已让位于全球化与个性化的新媒体格局。

我们可以将战后英国媒体的发展史明确地划分为三个阶段。截至 20 世纪 50 年代中期,主导英国媒体文化的仍是报纸、广播和电影。在英国国内,存在一个民族色彩鲜明、竞争异常激烈的报业市场。20 世纪 50 年代初,英国报业发展至巅峰,当时全国约 85% 的成年人每天都会阅读一份报纸。当时的报纸分为两类,一类为政治与社会精英服务,如《泰晤士报》(*The Times*)和《卫报》(*Guardian*),另一类则面向普通大众,如《每日镜报》和《每日快报》(二者的日销量均超过了 400 万份)。这两类报纸在文风和内容上有着明显的区别。另外,在周日发行的报纸更受欢迎,其中《世界新闻报》(*News of the World*,言辞辛辣挑逗,尤爱报道性丑闻)的每期发行量在 1951 年达到了惊人的 840 万份。鉴于每份报纸会有三个人阅读,所以全英国一半的成年人几乎每周都会翻阅《世界新闻报》。自 20 世纪 20 年代以来,报刊的竞争对手——广播出现,二者在新闻传播领域展开激烈竞争。BBC 成立于 1922 年,后于 1927 年获得伊丽莎白一世女王签发的皇家特许状,在相当长的时间内一直垄断着英国的电视广播业务。该公司依靠许可授权费用运转,无须同其他电台竞争,因此始终恪守着客观、公正的广播精神,坚持为英国国教发声,同时捍卫中产阶级的价值标准与社会地位。截至 20 世纪 30 年代末,约有三分之二的家庭拥有收音机。二战期间,人们渴望及时获得战争资讯,物美价廉的“实用型”收音机也得到普及,所以越来越多的家庭配备了收音机。截至 1944 年,收听 BBC 晚九点档新闻的听众人数达到了 1 600 多万。二战结束后,BBC 的播报业务被拆分为三大板块,分别针对“文化金字塔”的三个层级——“轻音乐节目”(Light Programme),负责播送风格多样的流行音乐;“国内播报节目”(Home Service),负责播报各类新闻、专题节目和音乐;“第三套节目”(Third Programme),专注于古典音乐和高雅文化纪实文献节目。

　　在家庭以外的地方,电影成为主要的传媒形式。1946 年,英国电影业迎来了巅峰时期,全年共放映电影 1 635 场,相当于全国三分之一的人口每周去观看一场电影。此外,不同社会阶层的观影习惯差异显著,且电影的受众分布情况有别于其他传媒形式——青年工薪阶层的观影次数最多,女性的观影频次高于男性。好莱坞制作的消遣电影一直是英国电影市场的主力军,但到了 20 世纪 40 年代,英国本土电影产业也取得了不俗的成绩,国产电影佳作频出,如阿尔弗雷德·希区柯克(Alfred Hitchcock)的惊悚片、伊灵制片厂(Ealing Studios)的喜剧和一系列爱国主义战争影片。在很多情况下,报刊、广播和电影各有优劣——报刊带有鲜明的党派立场,喜好捕风捉影,言辞有时比较轻佻;BBC 坚持中立立场,提供准确可靠的信息,在业内享有崇高威望;电影院带来了基于名人效应的娱乐体验,让观众领略到名人的魅力。三种

189

190

传媒形式相辅相成,共同构筑起一个国家级"想象共同体"(imagined community)。放眼全英,公共新闻议程、按部就班进行的年度重大活动(从英格兰足总杯[FA Cup]决赛与温布尔登网球锦标赛[Wimbledon tennis],到终场之夜音乐会[the Last Night of the Proms]和 Armistice Day[Armistice Day]),众人皆知的明星、名人以及其他公众人物(如皇室成员、政客、娱乐圈人士和作家),均被囊括进这个共同体内。

从 20 世纪 50 年代中期开始,随着电视的兴起,三种传媒形式之间的均势逐渐被打破。1936 年 11 月,BBC 租用亚历山大宫(Alexandra Palace)作为公共电视信号发射基站,正式推出电视服务,并且在第二年拍摄了乔治六世的加冕典礼。这一时期,BBC 每天只能播送短短几个小时的电视节目,电视信号也没有传遍全国。电视机依旧十分昂贵,并且仍处于试验阶段。1939 年,二战爆发,电视服务因此中断,直到 1946 年才得以恢复。不过,发生在 20 世纪 50 年代的两件大事改变了电视的命运。第一件事是在 1953 年 6 月举行的伊丽莎白二世加冕典礼。在强烈好奇心的驱使下,公众要么特意买来一台电视,要么挤进已经拥有电视的人家。为拍摄加冕典礼的全过程,BBC 不惜投入重金,最终创造出盛况空前的收视奇迹——观众数目达到了史无前例的 2 200 万人,这也是自电视诞生以来,电视的观众人数首次超过广播的听众数目。1955 年,依靠广告收益维持运转的英国独立电视台(Independent Television, ITV)成立,为电视的发展势头注入新的活力,打破了 BBC 垄断电视行业的局面。但是,为了尽可能吸引更多的观众,该电视台制作并播出了大量物欲横流的商业广告和民粹主义情绪泛滥的电视节目,在当时引起巨大争议,致使人们开始担心,社会文化会不会受此影响而变得低俗。面对英国独立电视台大受欢迎,BBC 也开始调整节目内容,但依旧受到严格的监管,并继续致力于面向具有一定社会地位的主流家庭观众。1964 年,英国广播公司获准开通第二个电视频道,但英国独立电视台在整个 20 世纪 60 年代和 70 年代主导着整个电视行业。

电视大受欢迎,发展势头强劲,这个"小匣子"成为 20 世纪 50 年代最受追捧的消费品。1954 年,在加冕典礼的推动之下,约 325 万家庭办理了电视机授权许可。到了 1957 年,这个数字整整翻了一倍,并且到 1965 年又翻了一倍。截至 1969 年,90％以上的英国家庭拥有电视,并且许多家庭还升级到了屏幕更大的彩色电视机。观众被电视节目深深地吸引,1961 年的一项调查显示,平均每名英国成年人每周会花费十三个半小时的时间观看电视,平均每天 2 小时。二十年后,这个数字增长至每周 18 小时,平均每天将近 3 个小时。要知道,这还是在当年没有早间和深夜节目情况下统计的数据。由此可见,电视已迅速成为人们了解世界的主要信息来源,政治、体育和娱乐三大领域都必须适应电视的发展。20 世纪 60 年代,电视成为最重要的政治活动平台,政客在组织竞选活动、发布新闻和接受采访时,都必须想方设法地在内容与形式上迎合高收视率电视新闻和时政节目的要求。镜头表现力往往是政治家们实现政治目标的关键,所以政客们在镜头面前录制"原音重现"时,必须对自己的言辞"字斟句酌"。此外,流行音乐产业和主流运动协会也一改传统做法,选用电视节目展示最新成果,从而成功吸引了以往无法接触到的受众群体。最后,深入千家万户的电视广告深受广告商青睐,名人文化与消费主义也因此得到了显著增强。这一时期,电影和广播遭到猛烈冲击,前者失去了相当一部分听众,后者更是沦为提供背景声的媒体。面对电视的迅猛发展,报纸只有两种回应策略:要么提供比电视更加详细、见解更为深刻的报道,要么提供电视目前还无法呈现的低俗、冒犯性的和情色内容。

直到 20 世纪 80 年代,电视才强化了兴起于 20 世纪中期的民族主义文化。BBC 和 ITV 利用三个频道控制着大量的电视观众。虽然两大电台也对青年亚文化和少数族裔的收视兴趣有所关注,但大部分节目的目标受众仍是主流观众。高峰时段的节目通常能吸引 1 000 万甚至 2 000 万观众。第四频道(Channel 4,使用威尔士语播报,该电视台的全称同样使用威尔士语表示:Sianel Pedwar Cymru, S4C)于 1982年成立,明确提出要在日益多元化的社会中为满足不同口味进行创新,并且开通了针对不同种族观众的新节目。然而,从 20 世纪 90 年代开

192

193

始,媒体环境才正式地进入了受众阶层更加分化、全球化趋势更加明显的新时代。随着监管机制的放松和卫星、有线电视、数字信号以及日后网络直播的出现,电视领域发生了重大变化。在这一时期,数百个频道问世,从全球各地播送节目,彻底改变了过去以国家为中心,只有三四个频道的格局,并且迎合了近乎每一种可能存在的收视兴趣。最后,时移和点播功能的出现使个人可以根据自己的喜好选择节目,而不必局限于主流电视台的播送时间。然而,随着 BBC 和 ITV 的观众群体逐渐萎缩和分化,这两大电台被迫将自己的节目拆分成不同的频道。

　　几乎同时,互联网的兴起从根本上改变了媒体格局。1991 年 8月,英国计算机科学家蒂姆·伯纳斯·李(Tim Berners-Lee)建立了世界上第一个网站,并在 1993 年 4 月将构成万维网(World Wide Web)根基的软件——网页浏览器发布给公众使用。在接下来的短短几年里,众多公司与企业致力于发掘互联网的潜力,意图将其打造为展示、存储与搜索信息、改变人际交流方式、销售产品和创造新兴虚拟世界的全新手段。传统媒体也开始发展在线业务,其中 BBC 与《每日电讯报》与《每日电讯》在 1994 年率先迈出改革的步伐。谷歌公司(Google)于1998 年向公众推出搜索引擎服务,逐渐成为塑造人与互联网交互方式的主导力量,并且找到了将用户在线交互习惯出售给广告商的盈利模式,凭此巩固了自己在互联网领域的地位。到了 21 世纪初,随着网速的提高和互联网智能手机的广泛普及,在线互动与用户上传内容占据网络主流位置。脸书(Facebook)在 2006 年一经面世,便成为世界上最受欢迎的社交媒体网站。次年,推特(Twitter)横空出世,为人们提供了发布简短文字内容和图片的便捷方式。2010 年,照片墙(Instagram)的大火,展示了在线照片分享的巨大潜力。与此同时,越来越多的传统媒体形式也被迁移到互联网上:报纸经过重新设计,可以在平板电脑和智能手机上显示;电视和广播频道通过应用程序,以流媒体形式向用户播放;网飞(Netflix)和亚马逊(Amazon)等公司开始扮演电影和电视供应商的角色。

　　其实早在新冠疫情暴发之前,英国就已发展成为一个网络社会。

调查显示,英国成年人在电脑和智能手机上花费的时间(平均每天3小时18分)首次超过了观看电视的时长(平均每天2小时59分钟)。截至2020年2月,96%的家庭接入了互联网,76%的家庭对使用网络办理敏感业务(如使用网上银行)等感到放心。疫情期间,为防止疫情扩散而采取的封控措施,进一步推动了网络的发展,因为无论是儿童上网课与老师互动,上班族居家办公与同事在线协作,还是亲友之间保持社交,都需要借助在线视频通话。另一方面,互联网极大地加快了英国向个人主义社会演进的速度。当其他媒体形式还因为资源的限制(空间有限、版面有限、频道数量有限),而只能关注大批观众的主流兴趣时,互联网则没有此类担忧,可以提供前所未有的个性化选择与自我展示机会,一边为受众提供低价或免费的内容,一边用积累的用户数据从客户那里获取换取精准投放广告的机会。最后,互联网也带来了真正意义上的全球化:此前围绕出版和电视广播构筑起来的信息国界已荡然无存,人们可以在前所未有的广阔网络空间内探索灵感和文化机遇,可以在全世界范围内更加自由地与人交流沟通。不过,网络也存在一定的弊端。一方面,线上全球互动频繁,导致线下本地以及本国内的交流互动减少;另一方面,人们在网络中更容易消费固定类型的内容而排斥其他类型的内容,因为网络中的人们同处一个文化空间里,他们不是与邻居或本国同胞待在一起,而是与分散在世界各地的、具有相同喜好的个体交流互动。

196

　　在21世纪20年代,英国公民所处的社会环境与20世纪40年代有着天壤之别。21世纪的世界,社会更加多元化,物质财富更加丰富,文化更加碎片化。此时,若再像几十年前那样,对各类社会现象一概而论,恐怕很难做到,也的确令人难以接受。放在20世纪40年代,无论政府、企业和媒体制作人怎样制定方案,都建立在这样一个前提之上:社会群体的行为相对容易预测,人们都十分信服当权者的专业水平。那时,当权者可轻易为全社会集中编织统一的未来愿景。然而,八十年后的今天,政治家和政策制定者面对的是更加多元化、消息更加灵通、要求更加苛刻的公众,他们希望表达自己的声音,也希望别人听到他们的声音。选民对政党的忠诚仅停留在表面,并且很容易就会被打破——他们只要对听到的内容感到不满意,就随时准备改换支持对象。在这种大环境下,想让英国团结起来只会难上加难。或许,苏格兰、威尔士和北爱尔兰的领导人更容易为本国公民构建有说服力且有意义的未来愿景,相比之下,伦敦的政客们想要找到一种将英国不同民族团结在一起的凝聚力,就要费力许多。总而言之,世事难料,唯有时间才会揭晓答案。

197

后　记

　　本书结合六个不同层面的史事,探讨了战后英国史。在我看来,这是剖析多元多样化社会形成轨迹的最佳方法,同时也有助于梳理政治权力运作的不同机制。当我们关注某个重大政治议题时,不妨先从多个层面进行剖析,然后再将它们整合为一体,形成一家之言。以"英国脱欧"问题为例,从政治层面看,它无疑是决定英国在世界上扮演何种角色的核心问题,同时也能反映出英国最重视哪类国际关系。从经济层面看,"英国脱欧"问题又在很大程度上影响着英国的经济政策:欧盟是否限制了英国经济的增长,是否阻碍着英国在全球范围内获得其他贸易机会? 但是,如果我们只停留在这两个层面,而割裂了其他层面的内容,便无法理解公众在辩论社会议题时投入的情感,同时也无法对民众投票的动机做出合理解释。"自由流动"是欧盟一直以来秉持的一项基本原则。受此鼓舞,大批欧洲移民涌入欧洲,给英国的福利制度带来了压力,同时挤占了英国公民的医疗、教育和就业资源,激起了大部分英国人的欧洲怀疑主义论调。另外,"脱欧"立场也因地域而异,英格兰、威尔士、苏格兰和北爱尔兰在此问题上的态度各不相同。因此,地域是决定政治立场的最重要因素之一。此外,政治立场也与社会运动与平权斗争紧密相关。政治科学研究表明,"自由—专制"的立场划分标准,正取代传统的"左倾—右倾"标尺,成为预判政治行为的有力参照。而通过判断一个人对"审查制度是捍卫道德体系的必要手段"或者"我们应该容忍那些过着非常规生活方式的人"等观点作出何等回应，我们便可将其划入"自由"或"专制"之列。① 显然，"留欧"和"脱欧"阵营在种族、性和性别问题上采取了不同的立场。力主"脱欧"的代表人物，如奈杰尔·法拉奇和鲍里斯·约翰逊，刻意在竞选过程中宣扬传统主义和大男子爱国主义。欧盟将移民和难民的权利强加给英国，因此引发英国国内的不满情绪，也是此轮争论关注的焦点之一。最后，公投如火如荼，其实也是在很大程度上呼应个性主义与媒体化社会的形成。发布在脸书与推特上的信息，以及经过社交媒体频频转发的碎片化消息，对当今英国各地舆论氛围的形成起到了推波助澜的作用。

在围绕"英国脱欧"问题展开的辩论中，无论是"脱欧派"，还是"留欧派"，都会反复提及，而且几乎是条件反射式地提及英国的过去。以"留欧派"为例，他们经常指出近几十年来英国通过"入欧"获得的好处，然后自然而然地引出"脱欧"的风险。由此可见，当代各派政治家一直在努力编织具有说服力的未来愿景，以应对来自不同层次的社会发展动向，同时反思英国的现实地位。本书呈现了英国自 1945 年以来发生的巨大变化，使读者很容易联想到休·托马斯在 1959 年发表的言论（见本书引言部分）。但令人困惑不已的是，就在托马斯猛烈抨击"建制派"60 年后，英国选出了一位伊顿公学出身的首相——鲍里斯·约翰逊。此人饱读西方古典文学，谙熟丘吉尔经典语录，沉湎于大英帝国全盛时期的辉煌之中，对欧洲持怀疑态度。然而，鲍里斯·约翰逊的夸夸其谈终究无法取代连贯的政治纲领，随着他在 2022 年夏天下台，英国仍面临如何平衡各方力量的挑战，以寻求稳定的发展方向。

200

① Paula Surridge, 'Brexit and Public Opinion: The Left – Right Divide', 30 January 2019, https://ukandeu.ac.uk/the-left-right-divide/.

延 伸 阅 读

　　英国历史源远流长,英国史书帙卷浩繁。我推荐以下包含战后英国史的史书: Callum Brown and Hamish Fraser, *Britain since 1707* (Harlow: Longman, 2010); James Vernon, *Modern Britain: 1750 to the Present* (Cambridge: Cambridge University Press, 2017); Peter Clarke, *Hope and Glory: Britain 1900 – 2000* (London: Penguin, 2004); David Edgerton, *The Rise and Fall of the British Nation: A Twentieth-Century History* (London: Allen Lane, 2018); Pat Thane, *Divided Kingdom: A History of Britain*, 1900 to the *Present* (Cambridge: Cambridge University Press, 2018); Martin Pugh, *State and Society: A Social and Political History of Britain since 1870* (London: Bloomsbury, 2022)。在关注 1945 年后时期的书籍中,观点最全面和见解最深刻的是布赖恩·哈里森(Brian Harrison)的两卷本史书: *Seeking a Role? The United Kingdom 1951 – 1970* 和 *Finding a Role? The United Kingdom 1970 – 1990* (Oxford: Oxford University Press, 2009/2010)。其他有价值的综述书籍有: Kenneth Morgan, *The People's Peace: British History since 1945* (Oxford: Oxford University Press, 2021); Paul Addison, *No Turning Back: The Peaceful Revolutions of Post-War Britain*

(Oxford：Oxford University Press，2010）。以下书籍侧重叙述的细节，并且更为关注日常生活：David Kynaston（*Austerity Britain*，*Family Britain*，*Modernity Britain* 和 *On the Cusp*［all London：Bloomsbury，2010 - 21]）和 Dominic Sandbrook（*Never Had It So Good：A History of Britain from Suez to the Beatles*［London：Little Brown，2005] and subsequent volumes）。此外，还有围绕一系列主题展开的论著和多名作者合著的书籍，如：Paul Addison and Harriet Jones（eds），*A Companion to Contemporary British History 1939 - 2000*（Oxford：Blackwell，2005）；Francesca Carnevali and Julie-Marie Strange（eds），*Twentieth-Century Britain：Economic，Cultural and Social Change*（London：Routledge，2007）。涉及苏格兰的书籍，请参阅：T. M. Devine，*The Scottish Nation：A Modern History*（London：Penguin，2012）；涉及威尔士的书籍，请参阅：John Davis，*A History of Wales*（London：Penguin，2007）；涉及北爱尔兰的书籍，请参阅：Marc Mulholland，*Northern Ireland：A Very Short Introduction*（Oxford：Oxford University Press，2020）；关于英国社会的动态，请参阅：Linda Colley，*Acts of Union and Disunion*（London：Profile，2014）；关于政治事实和统计数据，Roger Mortimore and Andrew Blick（eds），*Butler's British Political Facts*（London：Palgrave Macmillan，2018）是该领域必读的佳作；在社会发展领域开卷有益的书籍有：A. H. Halsey with Josephine Webb，*Twentieth-Century British Social Trends*（London：Macmillan，2000）。

关于本书涉及的具体主题，以下书籍可作为延伸阅读的最佳入门读物。

涉及英帝国及其外交政策的入门书籍有：John Darwin，*The Empire Project：The Rise and Fall of the British World-System*（Cambridge：Cambridge University Press，2009），以及 Mark Garnett，Simon Mabon，and Robert Smith，*British Foreign Policy since 1945* (London: Routledge, 2018); 欲了解大选趋势,请参阅: David Denver and Mark Garnett, *British General Elections since 1964: Diversity, Dealignment, and Disillusion* (Oxford University Press, 2021);

涉及变革的入门书籍: Jim Tomlinson, *Managing the Economy, Managing the People: Narratives of Economic Life in Britain from Beveridge to Brexit* (Oxford: Oxford University Press, 2017);

关于阶级,请参阅: Selina Todd, *The People: The Rise and Fall of the Working Class, 1910–2010* (London: John Murray, 2014);

关于福利国家制度,请参阅: Nicholas Timmins, *The Five Giants: A Biography of the Welfare State*, 3rd edn (London: William Collins, 2017);

涉及教育的入门书籍: Peter Mandler, *The Crisis of the Meritocracy: Britain's Transition to Mass Education since the Second World War* (Oxford: Oxford University Press, 2020);

有关社会富裕问题,请参阅: Avner Offer, *The Challenge of Affluence: Self-Control and Well-Being in the United States and Britain since 1950* (Oxford: Oxford University Press, 2006);

涉及性、性别与家庭的入门书籍: Claire Langhamer, *The English in Love: The Intimate Story of an Emotional Revolution* (Oxford: Oxford University Press, 2013), Jeffery Weeks, *The World We Have Won: The Remaking of Erotic and Intimate Life* (London: Routledge, 2007), 和 Helen McCarthy, *Double Lives: A History of Working Motherhood* (London: Bloomsbury, 2020);

涉及种族与移民的入门书籍,请参阅: Paul Gilroy, *There Ain't No Black in the Union Jack: The Cultural Politics of Race and Nation* (London: Routledge, 2002), David Dabydeen, John Gilmore, and Cecil Jones (eds), *The Oxford Companion to Black British History* (Oxford: Oxford University Press, 2007), 和 Ian

Sanjay Patel, *We're Here Because You Were There: Immigration and the End of Empire* (London：Verso, 2021)；

想了解个人主义，可参阅：Jon Lawrence, *Me Me Me: The Search for Community in Post-War England* (Oxford：Oxford University Press, 2019)；

想深入了解世俗化问题，可阅读如下书籍：Callum Brown, *The Battle for Christian Britain: Sex, Humanists and Secularisation, 1945－1980* (Cambridge：Cambridge University Press, 2019)。

索　引

U

Ulster Defence Association（UDA）阿尔斯
特防卫协会 88

Ulster Protestant Volunteers（UPV）阿尔斯
特新教志愿军 87

Ulster Unionist Party 阿尔斯特统一党 85

Ulster Volunteer Force（UVF）阿尔斯特志
愿军 87

unemployment 失业 2,8,34,39,42,44,45,
47,48,51 - 53,56,58 - 60,66 - 69,71,
73,78,91,92,127

  'New Deal' "新政" 73

  unemployment benefit 失业救济金 58

United Kingdom, formation of 联合王国
成立 6

United Kingdom Independence Party（UKIP）
英国独立党 31,32

United Nations 联 合 国 3, 19, 30, 36,
114,116

United States 美国 3,4,6,13 - 21,23,25,
28 - 30,33,36,40,43,50,53,78,86,94,
102,103,108,109,111,113,121,124

  Afghanistan 阿富汗 29 - 31,124

  civil rights campaign 民权运动 86,
111,113

  Cold War 冷战 13,17,18,25,31,52,90

  economic policy 经济政策 36,38,40,42,
46,47,51,54,92

  feminism 女权主义 100 - 102,104 - 107

  Iraq War 伊拉克 7,29 - 31,124

  nuclear weapons 核武器 3,16,17,20,113

  Suez crisis 苏伊士运河危机 4,19,20

  superpower 超级大国 4,13,17,27

universities 大学 2,3,27,75,84,94,97,
103 - 105,112,117,118,128,129

V

Vietnam war 越南战争 103

W

Wales 威尔士 6,8,10,34,49,77 - 84,86,
90 - 94,120,124,133,136

  assembly 议会 3,5,6,22,24,28,36,78 -
80,83,85,88,91 - 93,95,97,99,105,
111,114,115

  devolution 权力下放 79,88,92 - 97

  general elections 大选 2,10,25,26,32,
33,36,38,39,44,46,48,49,52,57,
62,64,68,72 - 74,82,83,91 - 93,96,
105,111,114

  industry 工业 3 - 5,7,8,35,36,39 - 42,
44,48,70,77,91,100,126,129

  language 语言 3,47,64,77,78,80 - 82,
86,90,115,122

  nationalism 民族主义 8,9,18,20,26,
27,54,78,80,82,85,89 - 91,94 -
97,133

  population 人口 7,8,37,48,51,58,66,
78 - 82,100,124,127,129,131

  religion 宗教 6,58,81,119 - 126,128

West Indian Gazette《西印度群岛报》109

Williams, Raymond 雷蒙·威廉斯 127

Wilson, Harold 哈罗德·威尔逊 24,38 -
40,66,87

  economic policy 经济政策 36,38,40,42,
46,47,51,54,92

  general elections 大选 2,10,25,26,32,